兄さんも姉さんも遠くに住んでるからって私ひとりに押し付けてパートも辞めなきゃいけなかったし
そんな金額じゃ話にならないわ
でも 近くに あんた たくさ 母さん 援助 もら でし
そんな……

母さんが認知症になったから、お金が自由にならなくて大変だったの知ってるでしょ
うちがどれだけ……
知ってるよ 成年後見人の手続きも手伝ったし、お金も出しただろ
ぐっ
そうよ～ 私だって年に何回かは泊まり込みにきたじゃない

母の具合が悪くなってからはやりたいこともできず、家庭のことも犠牲にして気が休まることもなかった
どっかつれてって
ごめんね
ええっ
病院っ？
ごはん届けなきゃ…

そんなの絶対納得いかない！
私の10年間を返してよ！
小さいころは仲良しきょうだいだったのに、こんなことになるなんて……

ご両親を介護中の友人に相談してみると

早めにプロに相談して対策したほうがいいよ

嫌な夢が現実にならないように

できることから始めてみよう!

早速「元気が出る お金の相談所」に予約を入れました

は～い どうぞ～

よろしくお願いします

……というわけで
母は認知症でもないし
元気なんですが

これから先はわから
ないし、どうしたら
いいかご相談したくて

何かあってから準備
したのでは、遅いんですよ
だからお元気なうちに準備
しておくのが安心です

今は65歳以上の
5人に1人が
認知症[※1]患者と
いわれている
んです

そんなに!

人が健康で過ごせる
「健康寿命」[※2]の平均は
男性72・68歳、
女性75・38歳で
その後は不健康な状態に
なるということ
認知症だけでなく
脳梗塞や心筋梗塞、事故
などで寝たきりもありえます

自分で銀行でお金が
おろせるうちは
いいんですが
認知症が
進み

トラブルが
続くと
銀行口座が
凍結されて
しまいます

○○○銀行

認知症が進むと
不動産の売買も
できないし
家庭裁判所で
成年後見人を立てて
もらわないと
親のお金が使えなく
なってしまう
のよ

えっ!
そうなんですか!

だからこそ
元気なうちに
親とお金の話を
して

介護のために
親のお金を使える
ように準備して
おきましょう

でも、なかなか
お金の話って
しづらくて……

そうして
後回しにしてしまうと
何か起こったとき
本当に
困るのは
子ども
たちなのよ

※1 内閣府「平成29年版高齢社会白書」

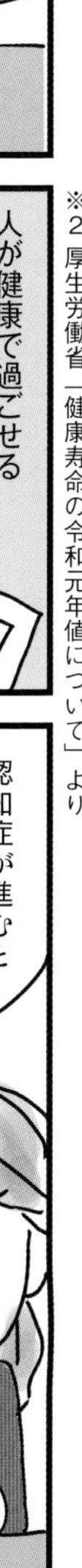

※2 厚生労働省「健康寿命の令和元年値について」より

お金の話をするときは何かのついでにするのではなくきちんと今後について真面目に話し合う場を設けること

何かが起こって切羽詰まってから相談すると感情的になりやすいので

淡々と冷静に落ち着いて話し合い状況を共有しましょう

今は、子どもでも親のお金が自由に引き出せる時代じゃないんです銀行の代理人カードを作らせてもらうか

または親のカードの暗証番号を封筒に入れていざというとき子どもたちで共有できるように了解を得ておくとか

○○○銀行

準備をしてもらっておくとスムーズです

あそこにしまってあるからね~

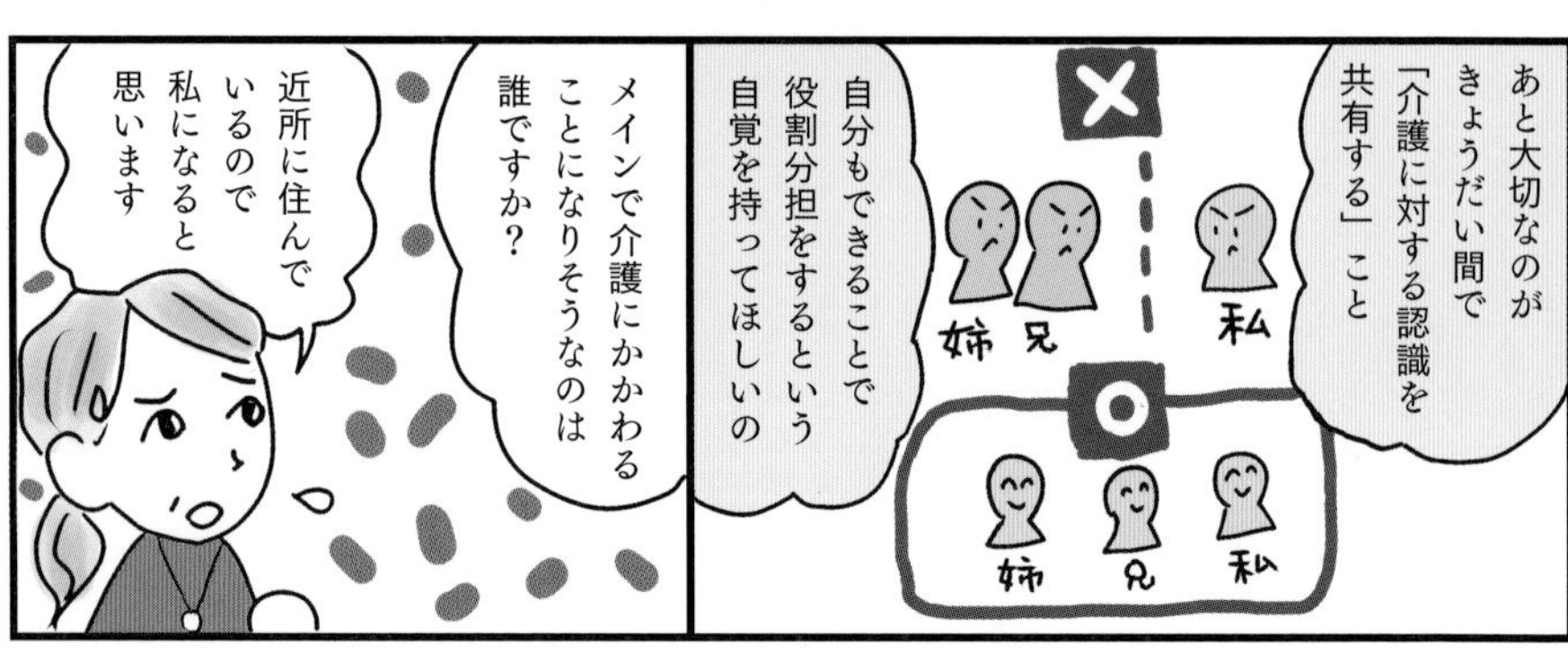

介護が始まる前に
親の前で
話し合って
当事者意識を持って
もらうこと

お兄ちゃん 隔週でいいから
土日どっちかきて！
お姉ちゃんもおねがい！
わかった
うーん
なんとか
するよ

何か起こってから
分担しようとすると
難しいんです

後から
いったいわない
聞いてないなど
もめごとも減りますし
お金のことも
オープンにしておけば
相続で争わなくても
すむ可能性が
高くなります

親とお金の話をするのに
「早すぎる」はありません
将来のために、話し合いを
しておきましょう！

なんだか不安が
減ってきました

早速
兄と姉に相談して
家族会議を
開きます！

手続きや準備を
しっかりしておけば
安心して介護にも
取り組めますよ！

はい！

もめないための相続前対策

親が認知症になる前にやっておくと安心な手続き

目次

第2章 認知症になると資産が凍結される

資産の凍結と成年後見制度

親が認知症になっても安心できる制度

第5章 家族信託を作りましょう

第6章 家族信託でもめない「相続」が実現する

第7章 親が元気なうちにやっておくべき7つのこと

第1章

「介護の準備不足」が「争族」のタネになる

介護の準備不足で子どもたちが不仲になり、やがて「争族」へ

多くの相続のご相談をお受けしてきた経験からいうと、介護の準備不足が「争族」（相続で家族が争うようになること）につながっていくことは少なくありません。私は、介護と相続は地続きだと思っています。

裁判所が発表している司法統計年報によると、全国の家庭裁判所で発生した遺産分割事件は、1万2981件（2022年）でした。

調停を起こすまではいたらなくても、相続人の間で、遺産分割についてもめたというケースは、この数倍はあるかもしれません。

よく、「もめるような財産はないから、うちは大丈夫だよ」という年配の方の声を聞くことがありますが、遺産が多い家庭だけがもめているわけではありません。

遺産分割の調停が成立した場合の遺産の金額を見ると（図1）、1000万円以下で約33％、1000万円超から5000万円以下で約43％です。5000万円以下を合計すると全体の約76％にのぼります。

少ない遺産だからこそ、誰がいくらを相続するのかについて敏感に反応してしまうのではないでしょうか。

■図1「もめる相続～調停で成立した『遺産の金額』～」
遺産分割事件のうち認容・調停成立件数と遺産の価額

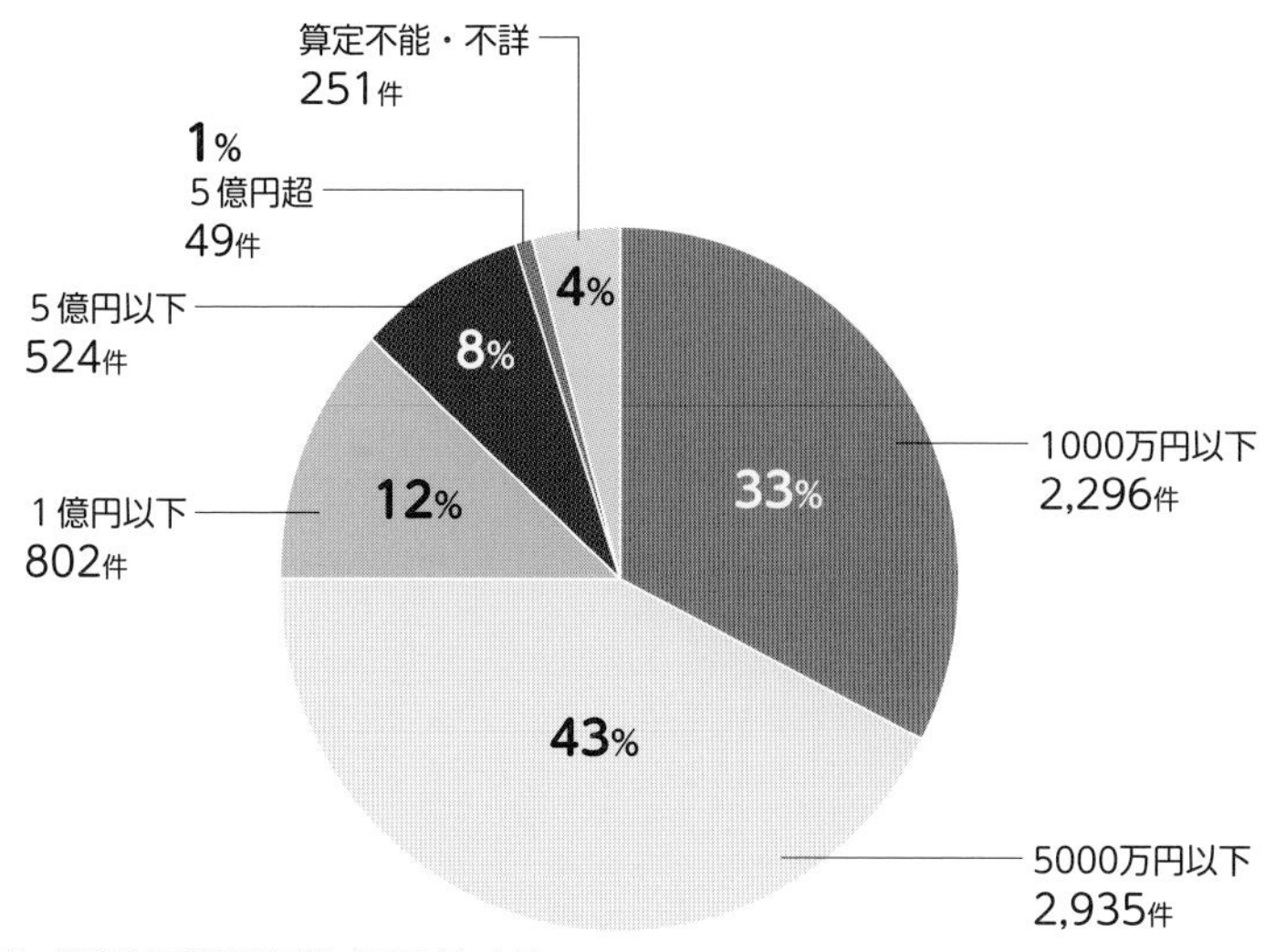

出典：裁判所「司法統計年報」（2022年）より

私が相談を受けたケースでは、もめるご家庭には共通した特徴がありました。

・ごきょうだい間の仲が悪い
・介護の負担が特定の人に偏っている
・相続財産の評価が、預貯金よりも自宅不動産の割合が高い
・生前の贈与（資金援助）に、偏りがある
・きょうだい間で不公平な遺言が遺されていた

などです。

きょうだいといえども価値観も違いますし、親元を離れて長い期間がたてば、疎遠になっていることも多く、コミュニケーションもほとんど取れないことが多いです。このような状況で、急に介護が始まったりすると大変です。介護の押し付け合いで感情を対立させ、そのまま相続が発生、と

いうようなケースもあります。かなり最悪な関係で相続に向かい合うことになります。

介護したことの評価の低さ

こんなケースを想像してみてください。

ひとり暮らしをしていた父親（80歳）の介護が始まりました。子どもは3人。みな50代。まだ、それぞれの子どもが中学生や高校生で、これから教育資金がかかってくるので、共働きやパートなどで、教育資金をせっせと貯めています。

子ども世代がこのような状況にあるときに、親の介護が始まると、多くの場合、介護の押し付け合いが起こります。

「忙しいから仕事を休めない」ことを理由に、「自分は介護に携われない」ことを主張し合うのです。

「介護＝時間がとられて大変＝いつまで続くか見通しが立たないから大変」という介護に対する情報不足、知識不足のために起こる態度なのです。

結局、親の近くに住む子どもが中心となって介護を担うことになります。

実際は、その子どもも仕事を休めないとなると、パートやアルバイトをしている配偶者に実務を担ってもらうことになったりします。

中心となっている子ども夫婦がひたすら、病院通い、介護事業者との連絡、お金の管理等を一手に担っていくことになります。要介護状態が重くなれば、頻繁に親元に行く必要があるため、配偶者は、パートも辞めざるを得なくなります。

残念なことに、他のきょうだいたちは、各々の仕事を言い訳にした手前、親の介護にあまり協力的ではなく、平日の病院への付き添いを一度も代わろうとはいいだしてきません。

やがて相続が発生すると、親の遺産分割が始まるわけですが、介護に携わらなかったきょうだいたちは、介護を担った人には多少の上乗せはするものの、遺産はほぼ平等に分けよう、と主張します。

介護に携わった子どもは、どう思うでしょうか?

パートを辞めてまで、親の介護のために奔走(ほんそう)した時間への評価は、少なすぎるほどです。パートを続けていれば、得られていたはずの収入については、機会損失をしているにもかかわらず、見て見ぬふり。

介護をした者にとっては、介護をしてきた事実が軽視されることが許せなく、不満が募ります。

他のきょうだいたちは、介護に携わっていないがゆえに、介護に費やした時間、経済的な損失、精神的な疲労、そのどれについてもリアルには想像することができません。

介護をした者が主張している寄与分についての評価が、きょうだい間でずれてしまうために、介護をした者は遺産分割に対する不平等感を募らせ、他のきょうだいたちとの間に溝が生まれて、不仲となり「相続」が「争族(争う家族)」となってしまうのです。

介護についての準備不足は、このような不条理な状況を生み出していきます。

このようなケースは、珍しいことではなく、どこにでも起きていることではないかと思います。

準備の先延ばしは危険です！

早速、兄と姉に介護のことを相談しようとしたんですが
全然話を聞いてくれなくて……
母さんもまだ元気でしょ
俺は今年は昇進して忙しいんだ
何か起こってからじゃ遅いのよ
挙句になんだかケンカみたいになっちゃって

母は母で、旅行とかも楽しんでて元気だしまだ大丈夫かなって……
でも80歳は健康寿命を過ぎていますよね
そうなんですけど
お元気なのは間違いないと思いますがいつ介護が始まってもおかしくないんですよ
82
81
80歳

でも食欲も旺盛で孫と同じものを食べてますし
毎朝ラジオ体操もしてるんですよ
病院に通ったりはされてないんですか
そうですね糖尿の気が少しと血圧も高めで薬を飲んでいます
薬

介護が始まってからは
なし崩しに
なることが
多いし
そうなると
離れて暮らしている人に
当事者意識を持って
もらうのは
本当に
難しいんです

今のままだと
一番困るのは
誰ですか

負担

………
私です……

やっぱり
きょうだいで
しっかりと
話し合います!

がんばって!

親は元気だから……と介護の準備を先送りにする子どもたち

最近いただいたご相談は、「親が突然倒れてしまって……。介護の準備などまったくしてこなかったので、どこから手をつけたらよいのか……」というものでした。

「一昨日までは本当に元気で、買い物や図書館に自分で歩いて行っていたので……」と。倒れたという親御さんの年齢を聞くと86歳だというのです。

このパターンのご相談を受けるたびに、「う〜ん。それは……。元気といえども85歳を過ぎているわけでしょ。それなのになんの準備もしていなかったのか〜い」と心の中でツッコミを入れてしまいたくなるのです。

「健康寿命」というものがあります。「健康上の問題で日常生活が制限されることなく生活できる期間」と、厚生労働省は定義しています。

２０１９年の健康寿命は女性75・38歳、男性72・68歳です。それ以降、亡くなるまでの間は、他人の手を借りての介護がいつ始まってもおかしくない時期といえます。

介護サービスの受給者は、予防サービス受給者も含めると約５４５万人（表1・表2）。

そのうち85歳以上の高齢者の要支援・要介護認定者は、約３１７万人で年代別の人口に対して、約5割と半数近くになっています。

■表1 介護予防サービス受給者数

2023年３月審査分（単位：千人）

	総数	要支援１	要支援２
総数	861.6	343.0	515.0
介護予防居宅サービス	847.4	336.8	507.3
地域密着型介護予防サービス	13.2	5.2	7.8

注：総数には、月の途中で要支援から要介護に変更となった者を含む。

■表2 介護サービス受給者数

2023年３月審査分（単位：千人）

	総数	要介護１	要介護２	要介護３	要介護４	要介護５
総数	4,585.5	1,224.1	1,086.1	884.5	842.4	548.3
居宅サービス	3,342.7	1,068.2	942.5	599.7	455.9	276.4
地域密着型サービス	903.2	271.3	231.5	181.1	133.7	85.5
施設サービス	956.5	49.3	82.3	235.6	345.7	243.5

注：総数には、月の途中で要介護から要支援に変更となった者を含む。

出典：厚生労働省「介護給付費等実態統計月報」（2023年３月審査分）

■図2 年代別人口に占める要支援・要介護認定者の割合

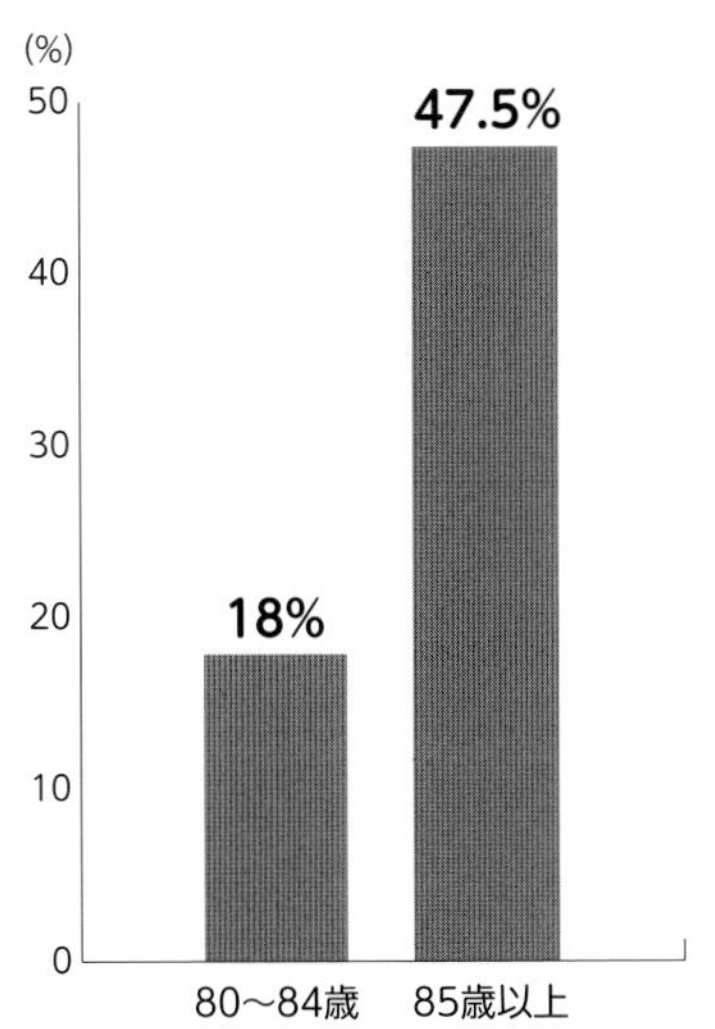

出典：厚生労働省「介護給付費等実態統計月報」（2023年３月審査分）、総務省「人口推計月報」（2023年３月確定値）をもとに作成

なぜ、家族で介護に向けての話し合いを後回しにしてしまうのでしょうか。

「介護サービス」についても、また、自分の職場の「介護休暇や介護休業」についてもあまりにも知識が乏しいので、勝手に「介護と仕事との両立」は、はなから無理だと思い込んでいるのではないでしょうか。

親のことは大事に思うが、真っ先に「親の介護をどうするか話し合おう」と呼びかければ、自分がいい出しっぺとなって中心にならざるを得なくなるのではないか。親の介護を理由に仕事を休むのは、職場に迷惑がかかりそうで辛い。

親も元気だから、『介護』を話題にするのは嫌がるだろうし」と。様々な思いが交錯して、「今のところはいいか」と、自分を甘やかして、先送りにしてしまう。そんな子ども世代の気持ちもわからなくはないですが、先送りにしてよいことなど何もありはしません。

介護リテラシーを身に付ける

介護をスムーズに行うには、「介護リテラシー」と「早期発見、早期対応」が重要です。

「介護」に対してのリテラシーがあれば、親の介護が始まったら、誰に相談して、どのように対応していけばよいのかがわかり、子ども世代がお互いに介護を押し付け合うようなことにもならないのです。

親が元気でいてくれるのはありがたいです。本人も家族も、できるだけ介護が始まる期間が遅ければ遅いほどよいと思っています。

でも、外見は元気のように見えても、老化は進んでいます。

介護の兆しや小さな変化、衰えを見逃さないようにして、早い段階で対策をすることで、本格的な介護の始まりを先に延ばすことができれば、家族みんなの幸せにつながりますよね。

「時々、つまずいたり足に力が入らなかったりして、転びそうなことがある」と聞いて「何もなくてよかった」と思って、何もしないのか。

それとも「公的サービスを利用して、筋力をつけるリハビリに通ってもらったらどうか」「室内でよろけたときに、すぐにつかまれるような手すりを付けておこう」と思って行動するのかでは、その後の親の生活面で、大きな差が出ると思いませんか？

介護の基礎知識として、今からどのようなことに目配りをして、対応をしていけばよいかを知ることから始めてみると、介護に上手に向き合えると思います。

もし突然、介護が始まったら、自治体によって異なる場合がありますが、地域包括支援センターに行って相談して、ケアマネジャー（ケアマネ）さんに要介護申請の代行を依頼することができます。ケアマネさんと相談のうえで、要介護認定を待つことなく、ケアプランを作ってもらい、暫定的にヘルパーなどの介護サービスを受けることも可能になります。

このようなことを知っていれば、介護体制が立ち上がるまでの初期の数日間だけ、休みを取ればよいことになります。

きょうだいで話し合って、介護生活が安定するまでの間、交代で介護の申請や介護そのものにかかわれば、ひとりひとりの負担は軽くてすむかもしれません。

健康寿命が終わる75歳のころからは、親自身も子ども世代も、いつか起きるかもしれない「介護」について、学び、準備をするべきなのです。

認知症の介護は気が抜けない！

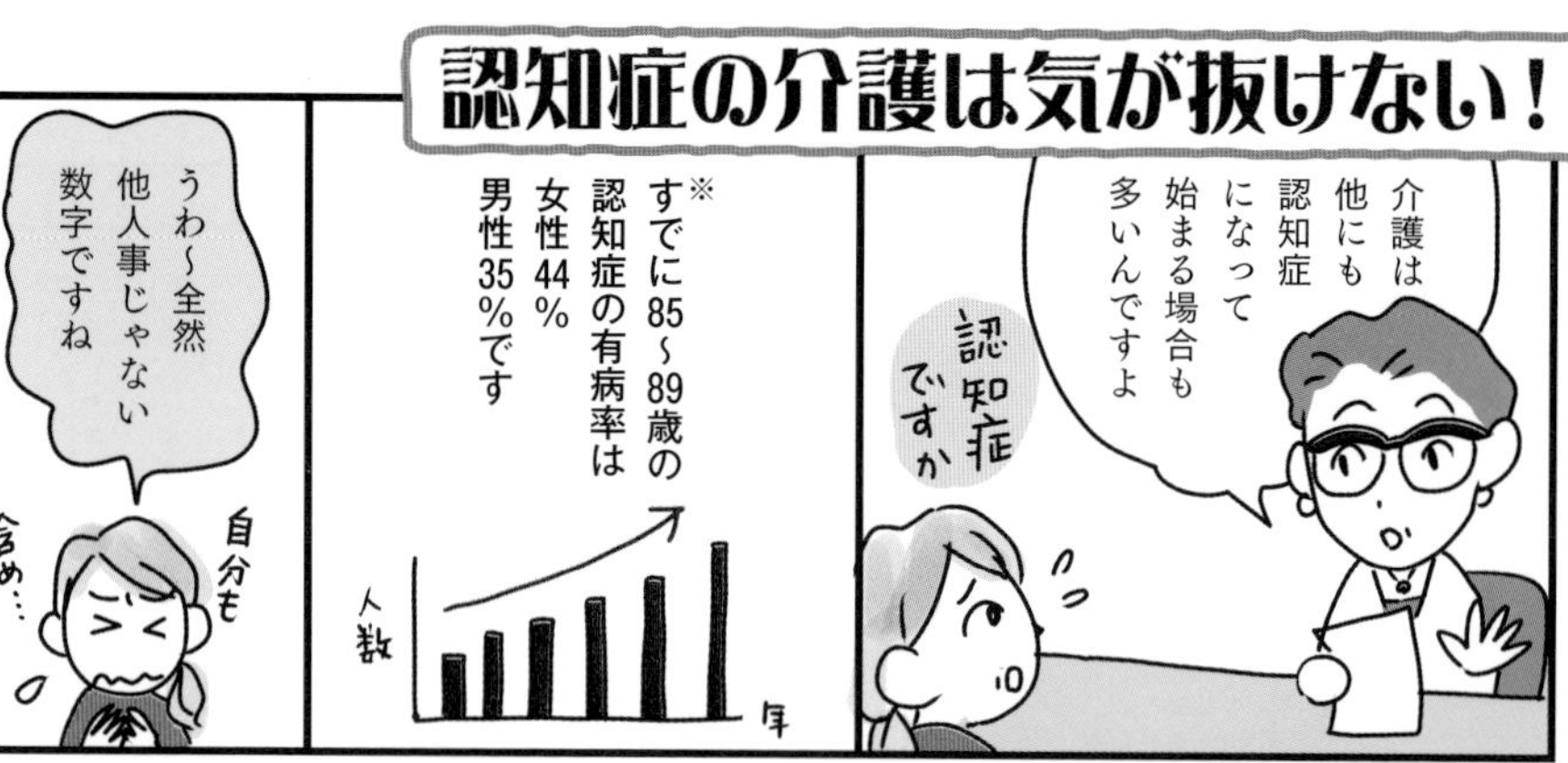

※厚生労働科学研究費補助金認知症対策総合研究事業「都市部における認知症有病率と認知症の生活機能障害への対応」（2009～2012年）総合研究報告書

ショートステイや
入院があっても
呼び出しもかかりますし
365日気が休まるときは
ありません

相談者さんにもごきょうだいは
いますが、忙しいからと
手伝ってはくれず、結局
介護のすべてが彼の負担に
なってしまいました

心配
負担
不安
疲れ
気がかり
ストレス

しかもいつまで
どんな形で
その介護が
続くのかは
誰にもわからない
んです

介護が始まって
から、負担を
分担しましょうと
いっても、できない
場合が多いんですよ

それは
困ります！

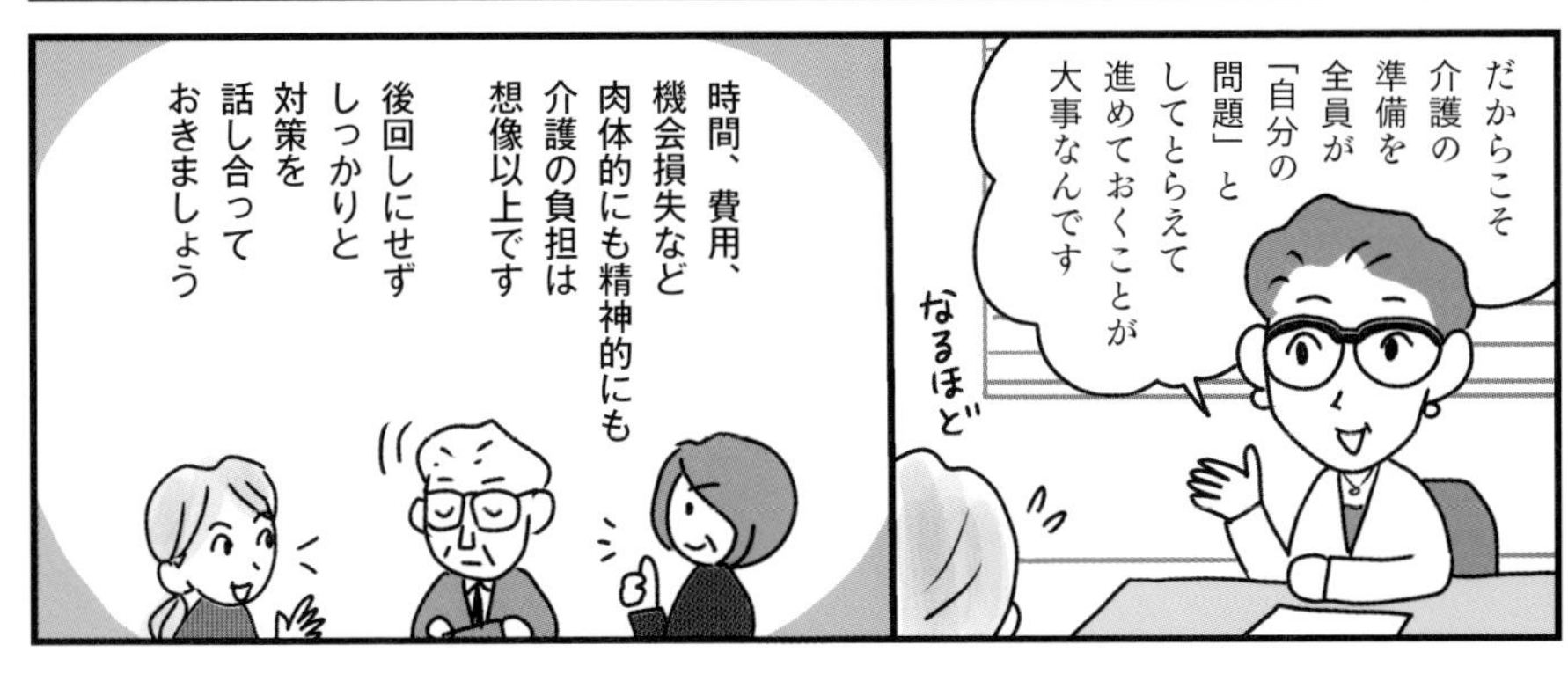

「介護しない者にはわからない「認知症の親との同居介護」

「介護」といえば、「認知症」を思い浮かべる人は多いですね。

年齢別の認知症の有病率は、図3のように、年齢が上がるほど高まっていき、95歳以上では79・5%の人が認知症になるといわれています。

認知症というのは病気ではありません。病気やけがが原因で、認知機能が低下して、日常生活に支障が出ている状態をさすのです。

認知症の症状が進み、夜間もずっと誰かがサポートしなくてはならなくなると、介護施設などへの入所を検討するか、子どもが同居しての在宅介護をするか、という選択を迫られることになり

■図3 年齢階級別の認知症有病率

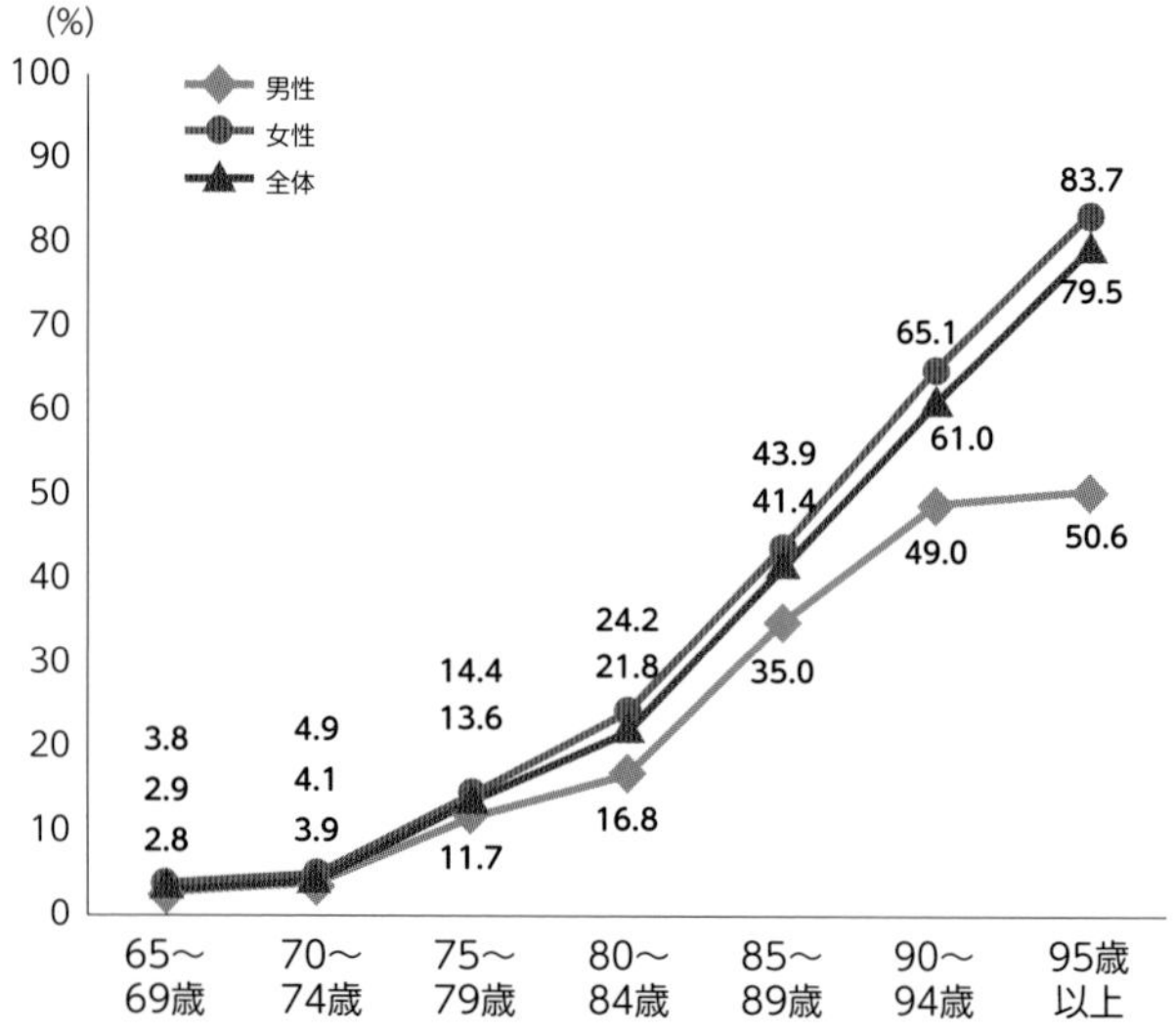

出典：厚生労働科学研究費補助金認知症対策総合研究事業「都市部における認知症有病率と認知症の生活機能障害への対応」（２００９〜２０１２年）総合研究報告書

ます。費用面や場所の問題などもあり、介護施設の利用はすぐには決断できず、まずは同居して在宅介護から始めるケースは多いです。

我が家では、義父が亡くなったその日から、アルツハイマー型認知症の義母の介護のために、夫が義母と同居を始めました。数年後には、見当識障害がひどくなり、デイサービスの帰宅後、夫が帰宅するまでの間に、ふらっと出かけてしまうこともたびたびありました。

見つかって帰ってくるまでの間「交通事故に遭ったのではないか」と、悪いことばかりを想像して、生きた心地がしません。

認知症の方とともに暮らしていれば、あるあるな「徘徊」ですが、実際に体験した人にしか、この肝の冷え具合はわからないかもしれません。

同居介護は、日中のデイサービスや仕事に行っている時間以外は、夜中も含めての介護体制ですから、**気が休まることはありません。**同じことを繰り返し聞いてくる親との会話では、時にはいらだちや疲れから声を荒らげてしまうこともあります。**介護者は、その後で自己嫌悪に陥るのです。**

介護をしないきょうだいたちにとっては、そんな介護者の日常的な精神的葛藤や苦労などを想像することはなかなか難しいです。

残念ですが、きょうだい間のコミュニケーションが不足していればいるほど、介護に対するとらえ方の溝が深まっていくのは、避けられないことかもしれません。

親の財産の管理でもめることもある

介護に使うお金は、基本的には親本人のお金を使って、対応していくべきです。

しかし、本人が急に倒れたときなどは、親のお金はあるもののそれを使えないということが起きてきます。そのあたりの対策については、第2章でふれていきます。

親に頼まれて、銀行のキャッシュカードを使ってお金をおろすのは、問題ありません。

介護の初めは、入院や通院などで、交通費などもかかりますし、外食も多くなります。そうしたこまごまとした支出についても、家族間で事前に打ち合わせしておけば、介護を中心に担う人が、安心してお金を引き出して使えるようになります。

親も含めて家族でいざ介護が始まった際にどうするかを決めておけば、親子間・きょうだい間での仲がこじれることは少なくなります。

具体的には「誰が中心となるのか」「他の家族は介護者をどうサポートするのか」「介護に使うお金はどこから出すのか」「最終的な意思決定は誰がするのか」等です。

これらができていれば、問題は少なくてすむのですが、現実にはそうもいきません。

きょうだい間でもめるときは、たいていは、親のお金のことになります。

「使い込み」を疑われる

事前に介護の際のお金についての話し合いもないまま、キャッシュカードで引き出しをしていると、親から頼まれたことであっても、他のきょうだいはそのことを知らないために、後から「勝手に使い込んだのではないか」と疑われてしまうこともあります。

介護をしながら出納帳のようなものを付けられればよいですが、突然の介護で、仕事と介護の両立にテンパっている場合には、そこまできちんとやれるような余裕のある人は、そう多くはいません。そんな状態で、介護を頑張っているのに、「勝手に使い込んだのではないか」と疑われたのでは、辛いですね。

ご相談者の方で、「細かいことを兄がいってきたので、『だったら兄さんが管理しなさいよ！』って、キャッシュカードを渡して、介護を任せたのですが、1週間で音をあげていました」という方もいました。とっても気持ちはわかります。

一方で、本当に、同居した親のお金を使い込んでいるケースもあります。

実際に、私が携わった相続で調停になった案件では、同居したごきょうだいが、1000万円も使い込んでいたということもありました。

そういうケースがあるから、真摯(しんし)に介護に向き合っている人も疑われたりするのです。ちょっと残念な気持ちになりますね。

介護に携わった人の寄与分の評価が低すぎる現実

繰り返しになりますが、事前に介護の話し合いをしてこなかったご家庭では、介護に携わった子どもとそうでない子どもに、大きな意識の差が出てしまいます。

介護を中心にやってきた者にとっては、時間的な貢献、逸失利益、精神的な苦労があったのに、介護に携わってこなかったきょうだいには、それはわかりづらく、ピンとこないことも多いのです。

遺産分割協議で、それぞれの相続分を決める際に、介護した人に法定相続分より多く相続させるかどうかは、まずは話し合いで決めていきます。話し合いでは決着がつかなかった場合には、遺産分割の調停を起こして、和解の道を探ります。

「寄与分」のハードルは高い

ところが、調停という場で「寄与分」が認められるには、ハードルはかなり高くなります。

「寄与分」とは、民法で定めている、亡くなった人の財産の維持・増加に介護などで特別な貢献や援助をした相続人に、遺産分割で法定相続分よりも多くの財産を相続できる制度です。特別な「通常期待される程度を超える行為」であることがポイントになります。

「通院時にはいつも付き添っていた」「認知症の

親と同居して食事や生活全般の世話をしていた」という程度では、「子どもが親の面倒をみるのは当たり前。それは寄与分には当たらない」といわれてしまうのです。

介護による精神的な負担などが、法律的な「寄与分」の要件には、当てはまらないことが多く、やってもやらなくても同じ評価だと思うと虚しさを感じる人も多いです。

理不尽な思いをすることも

さらに、介護保険の要介護1程度の状態のときの介護は、どんなに時間をかけてサポートしても、寄与分には認められにくいといわれています。寄与分を認められる目安は、要介護2以上なのだとか。

確かに要介護1では、部分的な介護が必要だとはいえ、食事、排泄、着替え等はなんとか自分でできる状態ですが、要介護2は、食事や排泄には部分的な介護が必要で、歩行や起き上がりがひとりでできないことが多い状態です。

でもなぁ、と思うのです。

認知症の初期の段階では、自分で食事、着替え、排泄もできるから「要介護1」という認定になるのでしょうが、時々徘徊してしまう人もいます。そんな目を離せない人を自分の時間を使って介護しても、その介護は、寄与分には値しないということになるなんて……。

調停では、「徘徊に肝を冷やし、必死で探し回って、夜も気を抜けずに介護していた人」の努力が寄与分と認められることが少ないとは、とっても理不尽だなぁと思ってしまいます。

評価されない？ 介護の大変さ

具体的に
考えておかないと
いけないのは

担当
介護の費用は
誰が負担するのか？

費用
手続きや
交渉は？

時間
実際に介護する
分担は？

介護者の時間的な
機会損失は
誰が補填するのか？

etc.
などなど

費用が足りなくなったり必要になったときにもめる原因となります

そんなことないわよ！

好きに使っていただろう

費用や時間など分担が偏ると感情的にももつれて相続のときに「争族」となるタネとなってしまうんです

押し付け合うのではなくそれぞれができることで支え合って親との最後の時間を過ごせるようにしたいですね

母

私 姉 兄

相手の立場を想像して進めてみます！

「争族」にならないための介護の準備

「争族」にならない介護の準備とはどのようなことでしょうか？

それは、家族全員が、「介護リテラシー」を身に付けることだと思います。

その中には「早期発見、早期対応」が、「健康寿命を延ばして、介護の始まる時期を先延ばしさせる」ことを学ぶことも含まれます。

介護リテラシーを身に付けることで、知らないことによる介護への偏見（介護に携わったら、時間がとられてしまって、仕事に支障をきたしてしまう、という思い込み）をなくすことができますし、仕事と介護の両立を目指して介護に臨むことができるようになります。

介護リテラシーを学ぶには、介護保険サービス全般の仕組みを知ることから始めます。

介護申請の方法や申請してから認定が下りるまでの過程などは知っておきたい事柄です。

申請の手続きは、地域包括支援センターに相談してサポートをしてもらうこともできます。緊急の場合には、地域包括支援センターに相談して、ケアマネさんに申請手続きの代行をお願いすることも自治体によっては可能です。

その他の準備としては、「誰が中心になって、介護をしていくのか」「他のきょうだいたちは、その介護者をどうサポートしていくのか」「介護の方針を最終的に決めていく人は誰か」「介護にかかるお金をどうするのか」を家族で話し合って、決めておくことです。

具体的な事前相談も必要

おすすめしたいのは、この話し合いの前に、先ほどご紹介した地域包括支援センターに行って、事前相談をすることです。

子どもたちはみなそれぞれ仕事を持っています。仕事を辞めずに介護ができればそれが一番です。介護休暇や介護休業もありますが、なかなか取得しづらい会社もあります。そこで、「できるだけ今までと同じような働き方をしながら、介護を続けたい。どの程度まで可能か？」などと、具体的な介護サービスの内容まで、聞いておくとよいと思います。

きょうだい全員が、仕事と介護の両立の可能性について理解すれば、介護の負担が誰かに極端に偏ることもなくなるはずです。

さらに、気にしておくべき「放置すると要介護になる可能性のある親の変化や兆し」についても、教えてもらうとよいでしょう。

「何回もつまずいてよろける」「同じことを繰り返して何度も聞く」などは、介護申請をすることで、予防としての支援を受けることができる可能性があります。デイケア（通所リハビリテーション）、訪問リハビリ、手すりの設置等、介護以前の支援を受けることで、介護が始まる時期を遅らせることができれば、親自身にとっても子どもたちにとっても、喜ばしいことになります。

まずはグループLINEから

介護生活が
いつ始まっても
おかしくないし
一度全員で
集まって
ちゃんと
話し合って
おきたいんだけど

10000

薬

1

etc.

そうだよね
母さんだって年だから
これからいろいろ
あるよね……

今度の正月に
いざというとき
どうするか
話しておくか

きょうだい間のコミュニケーションの取り方

介護について家族で話し合う前に、きょうだい間のコミュニケーションを再構築していかなければならないご家庭も多いです。

私のおすすめは、親が元気なうちからLINEなどでグループを作り、情報を共有して、交流を図っていくことです。

きょうだいの中で、恐らく自分が介護の中心にならざるを得ないだろうな、と自覚のある人が中心となって、グループLINEを作ります。

最初の反応は薄いと思いますが、既読スルーにもめげずに、親の状況や自分の考えを投稿し続けることで、少しずつですが、反応が出てくるようになります。そして親のことを心配して、こうしようという提案が出るようになったら、チーム感が出てきた証拠。

私がアドバイスして、作ってもらったグループLINEでの「争族回避成功率」は、ほぼ100%です。

実際にグループLINEできょうだいの関係性を再構築していった事例をお話ししましょう。

香(かおる)さん（仮名・女性）は、3人きょうだいの末っ子。親の近くに住んでいて、介護は自分が中心になると思っています。3年前に父が亡くなり、母親はそれからひとり暮らし。リハビリテーションにも通い、お友達と水泳もして、生き生きと暮らしていますが、80歳を過ぎてからは、少し物忘れをするようになりました。

既読スルーでもめげずに

まず、きょうだい3人のグループLINEを作って「ちょっとお母さんの物忘れが多くなったので、お母さんの状況を知ってもらおうとグループを作りました。読んでね」と投稿を始めてもらいました。最初は、ほとんど既読スルーでした。しばらくして母親が手首を骨折。その報告を写真付きで投稿したところ、お姉さんから「心配だからお見舞いに行くよ」という反応があり、夜になってお兄さんからも「俺も日曜日には、様子を見に行くよ」という書き込みが。その後も、お姉さんから「元気そうでよかったけど、しばらくは、土日のどちらかに行くわ」という申し出が……。

そこで香さんには、介護のチーム感が出ているときに、今後の介護について話し合いをしたい、と提案するようにアドバイスをしました。

お姉さんやお兄さんにきてもらったことが今回はとても心強かったこと。母親の介護が始まれば、自分は中心になるが、介護サービスを使ってもひとりだけではやれない。土日でよいから、家の片付けや食事の作り置き等を手伝ってほしい。このようなことを話し合いたい、と提案。その後、お母さんも交えて、話し合うことになりました。

どのような形であれ、情報共有というのは、コミュニケーションを図るうえで、とても大事です。やるかやらないかで、その後の介護の協力体制に大きな差が出るのは間違いないと思います。

お互いの了承を得ておこう！

というわけで やっと 介護の話が できそう です～
大変だったけど 集まれるのは よかったわね
既読スルーに耐えて やっとつかんだ このチャンス……
ギラ
何を話し合ったら いいいか、対策を立てて おきたいんです！
ギラ

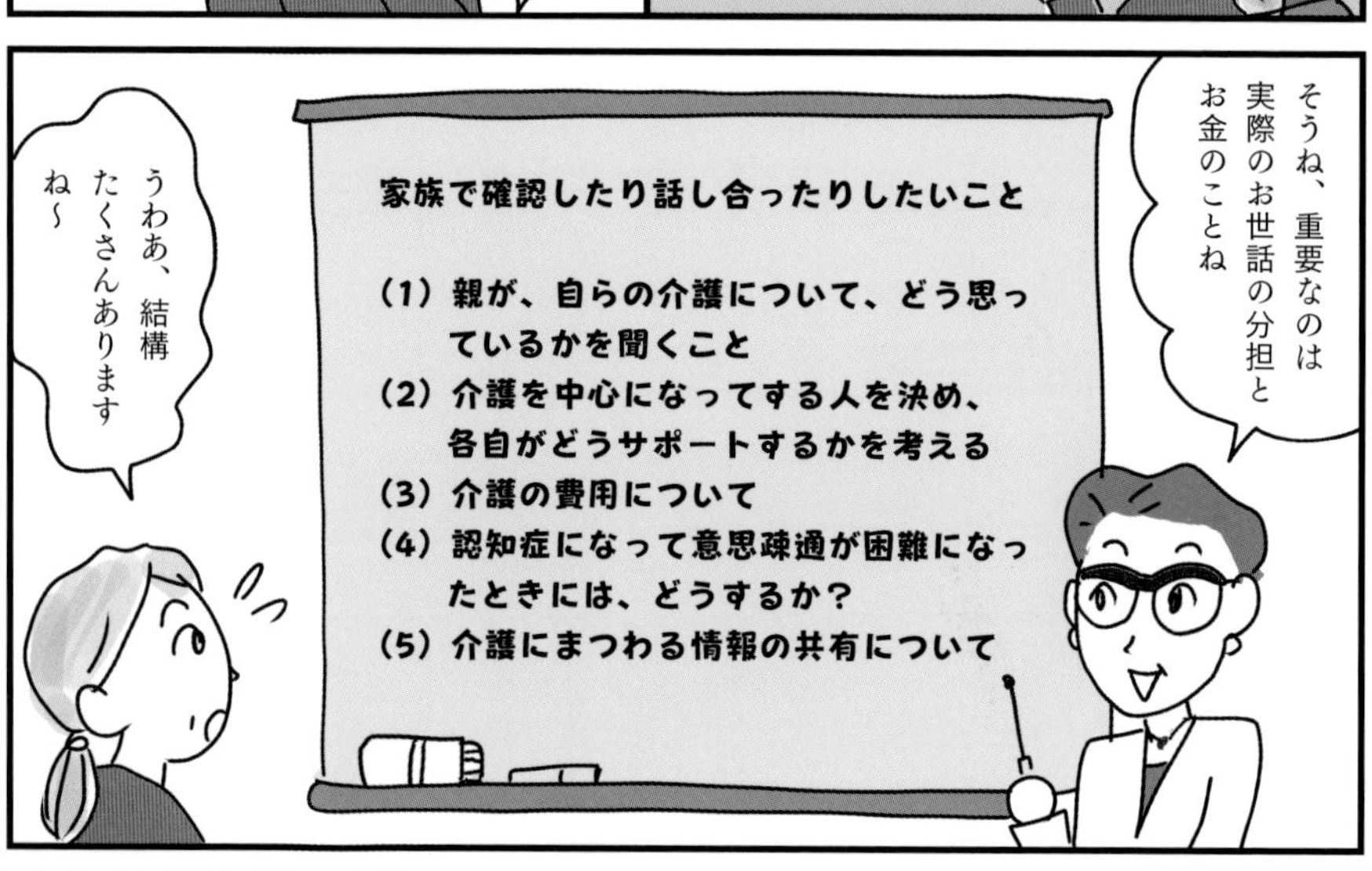

そうね、重要なのは 実際のお世話の分担と お金のことね
家族で確認したり話し合ったりしたいこと
（1）親が、自らの介護について、どう思っているかを聞くこと
（2）介護を中心になってする人を決め、各自がどうサポートするかを考える
（3）介護の費用について
（4）認知症になって意思疎通が困難になったときには、どうするか？
（5）介護にまつわる情報の共有について
うわあ、結構 たくさんあります ね～

焦らずに そのとき 険悪にならない範囲で 話せることだけ 話しておけば いいのよ
はい！
ホッ
これは 母にも話を通して おかないと いけませんね
親には親の考えや 人生があるから まずは冷静に話を 聞いてあげてね
エンディングノートを 一緒に書いておくのも いいわね

あとは
きょうだい間で
共通認識を
持って
協力し合える
下地を作って
おきましょう
兄
姉
私
TEAM!
とにかく
感情的にならずに
必要なことを淡々と
何かあって
なし崩しに動いてしまう
前に、少しでも準備して
おきましょう
そして3ヶ月
治って
よかったね!
おかげさまで
本当にありがとう
助かったわ
今回はこれですんだ
けど
もし今後
入院とかしなくちゃ
いけないようなとき
当座のお金とか
使えるようにしておいて
もらえるとありがたいな
そうだね
いざというとき、お金の
ことがあるわよね
今はいいけど
何かのとき使える
ようにキャッシュ
カードを用意して
もらえるといいかも
代理人カード
わかったわ
今度銀行に
一緒に行って
くれる?
もちろん!
兄さんたちにも
考えておいて
もらわないと
うーんと
話したい
ことは
先に伝えとこ…
ピッピッ
ピッ
お、いい
かんじ!
兄
わかった
考えておく
姉
大事なこと
だよね
私
ありがとう!

お正月
みんなと会うのも久しぶりね
ワイワイ
孫たちも大きくなって嬉しいわ
もうお料理もあまりできないしてんや物で悪いわね
母さんもいないし…
母さんの顔が見れればそれでいいのよ～
姉さん、遠いとこありがとう
兄さんも仕事が忙しいんでしょう？
まあなぼちぼちだ
その夜
去年は骨折もしたし、今後のことも考えて今年は終活頑張るわ
みんなにも迷惑をかけるけどよろしくね…
←夫
この封筒に銀行のカードやいろいろな連絡先
葬儀の希望とか入れておくから何かあったら開けてみて
母さんえらい！
実は私が勧めておいたんだけどね
これ一緒にやろ！
へえ！
エンディングノートの本

もしボケたら
この家を
売って
施設に入りたい
から、お兄ちゃん
手続きとか
調べておいて
くれる？
おう…
そうだな、認知症だと
不動産も売買できなく
なるんだよな
万が一のために
そのあたりは
きちんとして
おいたほうが
いいいな
お兄ちゃん さすが！
もし
この家で
要介護とか
になったら
私頑張るけど
土日や代われる
ときがあったら
頼めるかなあ
まだ子どもが
学生だし
そうね、うちは
子どもたちが社会人に
なったし、月に一度
何泊かとか
できると思う
お兄ちゃんは
お姉ちゃんより
近いから土日とか
みてくれると
嬉しいな
わかった
でもなんだか
エンディングノートを
書いてみたら、まだまだ
やりたいことがあったから
もう少し長生きできるよう
頑張ろうと思って
そうね～
人生は
まだまだ
これから
ね！
いいな
私も
エンディング
ノート
書かなくちゃ！
アハハ
後日、相談所
安田先生
前進しました！
母も前向きになって
くれて嬉しいです
よかった
わね!!
これからも
連絡をとり合って
情報共有して
乗り切ってね！
はい！
なんだか
行けそうな
気がして
きました！

親が元気なうちに家族で話し合う

「争族」にならないための介護の準備は、家族で話し合うことから始めましょう。

できれば、事前に介護サービスにはどのようなものがあるのかについての知識を得ておくと、話し合いがより具体的になると思います。

なかなか家族全員がそろうことも少ないかもしれませんが、話し合いは、一度で終わらせず、機会があれば、何度でもやっておきたいです。

疑問に思ったことは次回に持ち越して、各自が調べ、少しずつ具体的にしていくことを繰り返していくことにより、家族で介護を支えるチームができてくると思います。

家族で確認したり話し合ったりしてほしいことは、5つ。

親の意向を聞く

（1）親が、自らの介護について、どう思っているかを聞くこと

例えば、「どの程度まで在宅介護を望むのか」「施設介護についてはどう思っているのか」「デイサービスで過ごすことやホームヘルパーさんに家にきてもらうことに抵抗がないか」等、親の意向を聞きましょう。そして、親が大事にしている価値観や希望することの背景にある気持ちなども一緒に

話してもらうようにすると、最終的な介護の方針を決めていくときに参考になります。

（2）介護を中心になってする人を決め、各自がどうサポートするかを考える

介護を中心に担う人を決めるだけに終わっては、何も決めないのと同じになってしまいます。

介護者は、他の家族から、どのようなことをサポートしてもらうと実務的に助かるのかを伝えていくこと。それを受けて、他のきょうだいは、自分が介護にどうかかわったら、介護者をサポートすることができるかを考えます。

（3）介護の費用について

介護のお金は、基本的には、親自身が負担します。

介護が始まっても、親が自分でお金のことを管理できるうちは、介護者は銀行の付き添いなどのサポート程度でよいでしょう。要介護の度合いが進んでいけば、本人は銀行に行くこともできなくなります。その際には、親からの依頼の都度、介護者が引き出していくことになります。事前にキャッシュカードの暗証番号を教えてもらうか、代理人カードを作っておくことが必要でしょう。

親の協力を得る

介護のお金について話し合うときは、親も覚悟が必要になります。

介護を担う子どもの側からすれば、介護費用は十分あるか、医療保険や介護保険のような民間の保険は加入しているのか等、気になりますが、話し合いの段階で、親がそこまで開示してくれるとは限りません。

親が、キャッシュカードの暗証番号を教えたりすることに抵抗があるようであれば、その際には、子どもの側から「今は、すべての財産を明らかにする必要はないけれども、いざというときに、必要なお金を引き出せるように、暗証番号をこの封筒の中に書いて、入れておいてほしい」と説明すれば、たいていの親は、協力してくれます。

「医療や介護の費用の支出や介護事業所、介護施設などの料金引き落としは、どこの口座を使うか」などもついでに聞いておくとよいでしょう。

対策についての情報共有

（4）認知症になって意思疎通が困難になったときには、どうするか？

第2章でも詳しく説明しますが、認知症が進んでいくと、預貯金の引き出しや不動産の売却ができないなど、資産が凍結されてしまいます。

凍結を防ぐためには、事前に「任意後見契約」や「家族信託」で対策を講じておくとよいです（第4章で詳しく説明します）。

このような制度や契約があることを、家族で学び、情報を共有して、対策をしていきましょう。

（5）介護にまつわる情報の共有について

家族全員チームとなって、介護をしていくには、緊急の連絡先を共有する必要があります。

全員が「かかりつけの病院と担当医師の名前と連絡先」「地域包括支援センターとケアマネジャーの連絡先」などを知っておくとよいでしょう。

第2章

認知症になると資産が凍結される

認知症になると法律行為全般ができなくなる

65歳以上の認知症患者数は、2025年には約675万〜700万人（有病率19％）になると予測され（「日本における認知症の高齢者人口の将来推計に関する研究」の推計）、およそ5人に1人が発症するといわれています。

令和4年の統計でも、介護が必要になった主な原因の1位は「認知症」になっています。

認知症は、なんらかの病気やけがなどの原因によって、記憶や判断を行う脳の認知機能が低下して、日常生活に支障が出ている状態をいいます。単なる脳の老化による物忘れとは違います。

認知症には、

■表3 介護が必要になった主な原因

単位：％

現在の要介護度	第1位		第2位		第3位	
総数	認知症	16.6	脳血管疾患（脳卒中）	16.1	骨折・転倒	13.9
要支援者	関節疾患	19.3	高齢による衰弱	17.4	骨折・転倒	16.1
要支援1	高齢による衰弱	19.5	関節疾患	18.7	骨折・転倒	12.2
要支援2	関節疾患	19.8	骨折・転倒	19.6	高齢による衰弱	15.5
要介護者	認知症	23.6	脳血管疾患（脳卒中）	19.0	骨折・転倒	13.0
要介護1	認知症	26.4	脳血管疾患（脳卒中）	14.5	骨折・転倒	13.1
要介護2	認知症	23.6	脳血管疾患（脳卒中）	17.5	骨折・転倒	11.0
要介護3	認知症	25.3	脳血管疾患（脳卒中）	19.6	骨折・転倒	12.8
要介護4	脳血管疾患（脳卒中）	28.0	骨折・転倒	18.7	認知症	14.4
要介護5	脳血管疾患（脳卒中）	26.3	認知症	23.1	骨折・転倒	11.3

注：「現在の要介護度」とは、2022年6月の要介護度をいう。
出典：厚生労働省「国民生活基礎調査の概況」（2022年）より作成

・認知機能が衰えることで、物をしまった場所を忘れる「記憶障害」
・自分がいる場所や日付がわからなくなる「見当識障害」
・料理や買い物ができなくなる「実行機能障害」
・相手の話が理解できず、意味が通じない言葉を発する「言語障害」

などの中核症状があります。

それによって、徘徊や妄想などの行動・心理症状といわれる周辺症状も起こります。

日常生活の中で、いろいろなことができなくなり、自分の周りのこともわからない、自分がどこにいるのかもわからない、そのような状況になれば、情緒は不安定にもなります。

また、自分でできることが少なくなると、いらだちから、怒りが抑えられなくなり、泣き叫んだり暴言を吐いたり、時には暴力をふるったりすることもあります。

認知症が進んで重度になると、日常生活がほとんどひとりでできなくなり、着替えをはじめ、食事やトイレ、入浴などの介助が必要になっていきます。身近な人の顔がわからなくなり、体の機能が低下し、やがて寝たきりになってしまいます。

このように認知症が進んでいくと、様々な障害が起きて、ひとりでは、日常生活を営むことができなくなります。

法律行為ができなくなる

さらに、認知症と診断された人は、「著しく判断能力や意思能力が低下している」ととらえられて、「意思能力のない者」として、法律行為の全

■表4 下記のような法律行為の全般ができなくなる

- 預貯金口座の解約、引き出し
- 不動産の売買、賃貸契約
- 資産運用商品の売買や処分
- 遺言書の作成
- 生前贈与
- 生命保険の加入、死亡保険金の請求、受け取り、生命保険の解約等すべての手続き
- 相続手続き（遺産分割協議や相続放棄など） など

般ができなくなります。

自分の預貯金であっても、生活や介護・医療のために、引き出したりすることができません。

介護施設に入った後には、家を売って介護費用の足しにしてほしいと思っても、認知症になってしまった後では、本人所有の不動産の売買はできません。「認知症＝意思能力のない人」ですから、意思能力のない人が行う契約行為は、「無効」になるからです。

このように、認知症になると自分の財産なのに、思うように使えずに「凍結」された状態になってしまいます（預貯金の引き出しや不動産の売買については別の項目で詳しく説明します）。

また、認知症の本人が、相続人となった場合には、遺産分割協議に参加することができなくなります。自分で相続放棄の手続きをすることもでき

ません（別の項目で詳しく説明します）。

契約者代理制度の利用

認知症で本人の意思を確認できなければ、生命保険の新規の加入契約、死亡保険金の請求、契約自体の解約を含め、すべての手続きができません。

認知症の増加で、生命保険会社各社で取り扱いが増えてきている契約者代理制度を利用すれば、この問題は乗り越えることができそうです。

契約者代理制度（保険会社各社で名称は異なります）とは、あらかじめ契約者が代理人を指定しておくことで、代理人が契約者に代わって手続きができる制度です。代理人を指定する制度としては、指定代理請求人の制度もありますが、それとは違います。

契約者代理制度は、契約を解約し、代理人が解約返戻金を受け取ることができます。解約返戻金を受け取る口座も、契約者代理人の口座に変更することが可能です。

この他、契約者代理人にできる手続きは、契約者貸付、積立金の引き出し、保険金額の減額などがあります。

しかし、夫が妻を保険金受取人にした保険に加入して亡くなった場合で、すでに妻が認知症になっていた、というケースでは、残念ながら、後述する成年後見制度を利用しないと受け取れるようにはなりません。

契約者代理制度は特約として、無料で付帯できます。保険会社や保険商品によって、違いがありますので、加入している保険会社に問い合わせて確認してください。

認知症で資産凍結！ どうする？

Kさんの場合
ある日の銀座
元気が出るお金の相談所
本日はどんなご相談ですか？
私は母ひとり子ひとりなんですが
ひとり暮らしの母が認知症になってしまったんです
それは大変ね

昔から母とは折り合いが悪くて、家を出てからはあまり交流もなかったんです
近所の人から「最近ちょっと様子が変よ」とかいわれていたんですが実家に行くのもおっくうで
……
放置していたら
RRR
ママか…
母
もしもし？

銀行でお金がおろせなくなっちゃったのよ

えっ！どういうこと？

印鑑がないとか通帳がないとか何度も窓口にきて同じことをいったらしく

早速銀行に話を聞きに行ってみたところ

〇〇銀行

本人に判断能力がないとみなされ後見人がつくまで預貯金の引き出しができなくなりました

NO!

〇〇銀行

とうとう窓口で私に連絡をとるよういわれたのだとか
本当にご迷惑をおかけしました
あの振り込みも引き落としもできなくなってしまうんでしょうか光熱費とか……
年金の受け取りや公共料金の引き落としなどは引き続きできる場合もあります
年金手帳
よかった安心しました
どうしたら介護のために母のお金をおろすことができますか？
後見人からの請求があれば可能ですまずは後見人を立てていただけますか
後見人!?
手続きすればお子さんがなることも
できるんですよ
私も余裕がなくて
どこに相談してよいかわからなかったのでこちらに伺いました
そうですね凍結されてしまったものは仕方ないので手続きをして
とにかくお母様のお金で介護ができるようなるべく早く対処しましょう
お願いします！

認知症になると「預貯金が引き出せなくなる？」

「認知症になると資産が凍結しますよ。金融機関から、お金が引き出せなくなります」とお伝えすると、必ず「金融機関は、どのようにして本人が認知症だとわかるのか？」という質問を受けます。

確かに、「私は認知症です」とゼッケンをつけて金融機関へ行くわけでもないですからね。認知症だということを、金融機関はどのようにして判断するのでしょうか？

認知症といっても、症状は様々です。

ひとによって、日常生活でできることも違ってきます。

私のご相談者の例ですが、ご相談者のお母様は、認知症と診断された後も、ひとりで金融機関の窓口でお金をおろすことができていました。

金融機関は、自分で入出金や振り込みの手続きができている間は、特に何もいいません。

そのうち、通帳や印鑑、キャッシュカードの紛失が相次いで起きました。「暗証番号がわからなくなった」と、窓口で何度も繰り返すようになり、ほどなくして、金融機関は本人の判断能力が著しく低下したのではないかと判断して、口座を凍結しました。

「生活費がおろせなくなった」と母親から電話があって初めて、ご相談者は母親の金融機関口座が凍結されたことを知りました。

この場合の金融機関口座の「凍結」は、相続が起きた際の「凍結」とは少し違います。

口座の名義人が亡くなった場合の「凍結」は、金融機関がその人が亡くなったことを知ったタイミングで、その口座名義人の入出金、振り込みや口座引き落とし、通帳の記帳などのすべての口座の取引を止めます。

認知症で判断能力がかなり低下していると金融機関が判断した場合の「凍結」は、「口座の取引を大幅に制限する」ことです。入出金や振り込み、カード・通帳等の紛失・再発行、定期預金の解約・契約等の手続きができなくなります。ただ、口座引き落としや他からの振り込み（家賃の支払いや配当金を受け取るなど）は、銀行にもよりますが、そのまま続けられるところが多いようです。

暗証番号を教えてもらう

親が認知症になって、財産管理ができなくなったら「キャッシュカードの暗証番号を事前に聞いておいて、子どもたちが管理する」または、「代理人カードを作っておいて親が銀行に行かれなくなったときに備える」という方法はどうでしょうか？との質問も多く受けます。

金融機関は、家族であっても親のキャッシュカードで入出金を行うことを原則認めていません。ですが、実際には親のキャッシュカードと暗証番号がわかれば、ＡＴＭでの入出金が可能です。もちろん、親の同意があってのことですが。親が急に入院した場合など、この方法で家族が入出金を行っているケースは多いと思います。緊急事態には、対応してもよいでしょう。

キャッシュカードの暗証番号さえわかれば、認知症になっても困ることはないのではないか。そんな声が聞こえてきますが……。

この方法のリスクは、通帳やキャッシュカードの紛失や破損、磁気不良などを起こした場合です。本人の認知症が進行していると、銀行での本人確認が困難になり、再発行の手続きができなくなる可能性があります。それ以降、引き出すことはできなくなります。

代理人カードや代理人指名

では、代理人カードはどうでしょうか？

代理人カードは、本人が手続きをして、代理人カードを受け取り、それを代理人に渡します。どの金融機関も本人でないと手続きはできないようになっています。親が元気なうちに、カードを作っておいてもらうのはよいと思います。

親が入院してしまっても、代理人カードを利用して必要なお金を引き出すことができます。入院費などの振り込みが、親と遠く離れたところに住んでいても、可能になります。

代理人カードは、利便性はありますが、本人のキャッシュカードと同じように、紛失や破損、磁気不良などが起きて、再発行の手続きが必要になった場合には、本人が窓口に行かなければなりません。その際に親の認知症が進んでいれば、本人確認ができないので、再発行はできません。

金融機関によっては、「代理人カード」とは別に、

「代理人指名」というシステムがあるところもあります。本人の判断能力のあるうちに出金の代理人をあらかじめ指名しておくことで、指名された家族は窓口で出金ができるような仕組みです。

引き出せる額には制限がありますが、代理人指名制度を利用することにより、代理人が取引を行うことができます。ただし、本人の判断能力が著しく低下してしまった場合には、代理人での取引もできなくなります。

2021年に全国銀行協会が取引の指針の見直しを発表しました（「金融取引の代理等に関する考え方および銀行と地方公共団体・社会福祉関係機関等との連携強化に関する考え方」）。

内容を簡単に要約すると、

・認知症などの高齢者が行う金融取引は、成年後見制度を利用してもらうことが基本

・成年後見の申し立ての手続きが完了するまでの間など、一定の要件を満たした場合は、「本人の利益に適合することが明らかである場合に限り」家族による預金の引き出しを例外的に認める

・認知症になる前であれば、本人が支払っていたであろう本人の医療費、介護費用、家賃や介護施設利用料、公共料金等の支払いについて、請求書などの支払いの根拠となるものを提示してもらって、対応する

というものです。

家族の困りごとが、少しは減ると思われるこの指針が、全国の銀行に広がっていくのには、まだまだ時間がかかると思います。

不動産が売却できなくなる

認知症の親の不動産のご相談でよくあるのは、

「母親が施設に入るようになると、年金だけでは到底足りなくて、貯金も少ないから、すぐに底をついてしまう。そうなったら、家を売却しなければならなくなる。今すぐ売るというわけでもないから、完全にボケないうちに、不動産の名義を親から私に変えることはできますか？」

というものです。

「不動産の名義を変えたい」っていうご相談、本当に多いです。名義って、チャチャッと変えられると思っているのでしょうね。

名義を変えるときは、相続、売買、贈与、離婚による財産分与のどれかになります。

売買の場合は、子どもに資金がないと買い取れませんし、贈与の場合には、税金を払わなければなりません。名義の変更の際の登記の費用も司法書士の報酬もかかります。名義の変更は、簡単ではありませんし、お金もかかります。

売買にしても贈与にしても、契約行為なので、本人の意思が必要になります。意思能力を欠いた者の契約は無効になります。

「認知症」と診断されただけでは、不動産の売却ができるかどうかはわかりません。意思能力を欠いた者の売買契約は無効になりますが、それは必ずしも「認知症」という医師の診断だけで判断されるわけではないからです。「売却によって、どのようなことが起きるのか？」がわかっているかどうかという「意思能力」の有無が大事になります。

どのような効果をもたらすかを理解できていれば、売買はできます。実際、売買契約が無効であると主張する人が誰もいなければ、何も問題は生じません。

売却後のトラブル発生

ですが、後日、相続が発生した際、不動産の売却にかかわった相続人以外の相続人から、「親の不動産を売却したときには、親の意思能力はなかった。だから売買契約は無効である」と主張されることもないとはいえません。

このような可能性がありますから、高齢の親が不動産を売却するときには、推定相続人が全員、不動産の売却に合意していることが望ましいです。

もし、初期であろうが認知症と知っていて、不動産を売却した後、他の相続人から契約の無効を訴えられたら、購入した人にまで迷惑をかけることになりますから、不動産の仲介業者は立場がなくなります。そのようなリスクがあるので、不動産の仲介業者は、所有者が「認知症」というだけで、不動産の売買は扱えないと断ってくる、というケースが多いわけです。

冒頭のご相談の場合は、「将来的に不動産を売却できるようにしたい」ということが主旨ですから、まだ、母親が認知症でなければ、事前に「任意後見契約」か「家族信託」を結ぶとよいですよ、とお答えしています。

不動産の売買ができない!?

元気だったころの母の口癖が
私に何かあったらこの家を売ってそのお金でなんとかして
またそんな
銀行の帰りにいくらくらいで売れるのか査定をお願いしたら
△△不動産

登記簿の所有者本人が認知症の場合は売買はできないって断られてしまいました
NG
登記
そうなんです認知症と認定されてしまうと不動産の売買はできなくなるんです

後見人が決まらないと介護や病院にかかるお金も使えないし
薬
不動産の売買はもとより様々な契約もです
遺言書も書けないし相続の手続きや生前贈与などもできません
遺言
大変!
えっ!施設の入居金も後見人がいないとだめってことですか
そもそも後見人は子どもがやるものではないんですか?
子
後見人

後見人制度ができた当時はお子さんや親戚がやることが多かったんですが最近は2割程度なんですよ
子ども親戚
20%
80%
他人
親のことなのに他人に任せる人が多いってことですか？
後見人は本人の身上保護と財産の保護を第一に諸々を判断します
身上・財産
だから申請しても財産を使い込む可能性があったり仲が悪かったり様々な要因で裁判所が認めないこともあるのよ
詳しくはP74〜で説明するわね
じゃあ私も成年後見人になれない可能性もあるってことですね
そうですね、あと成年後見人は実際やってみると結構大変なんですよ
あー もっと早く勉強して
ちゃんとしておけばよかった！
バカバカ
自分のバカ
ほんと母ともずっと疎遠だったし後悔ばかりです
くすん
人生何が起こるかなんて誰にもわからないしあなたが悪いわけではないわ
もう遅いこともいっぱいあるけど
できるだけのことはしたいと思ってます……
大丈夫！
ほとんどの人は何か起こってから初めて認知症に関して知ることが多いんです
がんばりましょ
いつからでも遅くないので今できることをやっていきましょう
先生…

遺言が書けなくなる

認知症になると遺言を書いても、無効となることが多い、と本章でお伝えしました。

これもまた、不動産の売買時と同じで、医師から認知症と診断された人が書いた遺言が、必ずしも無効となるわけではありません。

遺言を書いたときに遺言をする能力（遺言能力）が、あったかどうかで判断されることになります。

遺言作成時に遺言能力がなければ、遺言書は無効となってしまいます。

では、誰が遺言能力があったのかどうかを判断するのでしょうか？

裁判で遺言能力の有無が争われた場合は、裁判官が最終的な判断を下すことになります。

裁判官は、もちろん医師による診断の有無も考慮はしますが、「認知症と診断されていたから遺言能力なし」というような単純な判断はしません。

遺言に書く内容がシンプルであれば、遺言を作成した人に求められる遺言能力は低いもので足りるので、遺言が有効であるという判断をされることもあるようです。

認知症の人が公正証書遺言を作成するときは、どうでしょうか？

遺言の内容が複雑で、公証人が遺言内容を読み上げて本人の意思を確認しているものの、本人が内容を理解していたとは認められないとして、遺言能力を否定して無効になったケースもあります。

いえることは、認知症の程度や書いてある内容、その状況次第で、有効となるかどうかはケースバイケースだということです。

遺言を執行する際に、特別に遺産の分け方で争うことがなければ、遺言を書いた人が認知症であったとしても、有効か無効かなどは問われることはないのだけどなぁと思ったりします。

医師の所見を添えておく

遺言をせっかく作成しても、認知症だったことを理由に、のちのち相続人の間で遺言の有効性について争いが起きてしまっては意味がありません。

私は80歳以上の方の遺言作成にかかわるときには、かかりつけの医師に、遺言者本人の判断能力に関する所見を書いてもらうようにお願いしています。判断能力や意思能力が低下していないと思われること、認知症と診断する状態ではないことを書いてもらえれば、診断書という形ではなくても十分です。それを遺言書と一緒に保管してもらうようにしています。公正証書遺言の作成の際にも、保管してもらっています。少しでもトラブルが防げるようにとの思いからです。

遺言は、遺言者自身の最終意思を明らかにするためのものなので、代理人が作成することは認められていません。成年後見制度を利用しても認知症発症後は遺言の作成はできないのです。

当たり前のことですが、遺産を巡って、「争族」になりそうな状況であれば、早めに遺言を作成しておくことをおすすめします。

遺産分割協議ができなくなる＋相続放棄もできない

相続財産には、不動産や預金などのプラスの財産だけでなく、ローンの負債のようなマイナスの財産もあります。また、相続しても活用しきれない不動産もあるかもしれません。

相続しても不利益を被ることがありますので、相続人は、遺産を精査する判断能力や意思能力が求められます。

そのため、判断能力が低下している認知症の人は、本人を守るうえでも遺産分割に参加することはできないのです。

遺産分割協議とは、相続が発生した際に、相続人全員で遺産の分割について話し合う手続きのことです。遺産分割協議が整うには、相続人全員の合意が必要となりますが、認知症の人は、遺産分割協議の際に、判断する能力や意思表示する能力がありませんので、その相続では、遺産分割協議ができないことになります。

遺産分割協議ができないと、様々な問題が起きてきます。

まず、相続するはずの預金の名義変更や引き出しができません。さらに、不動産の相続登記ができないので処分や売却ができません。

遺産分割ができない状態の間は、「法定相続分での共同相続」となります。

この共同相続は、なかなか厄介です。

預金口座や不動産など、財産が相続人全員の共有状態になるので、財産を動かす場合はその都度共同相続人の間での合意が必要となります。

例えば、「残された財産は、実家不動産しかないから、売却処分して相続人全員で平等に分けよう」と思っても、相続人に認知症の人がいると、意思表示ができないため、「共有者全員の合意がとれない」状態になります。そうなると、売却することができません。遺産が凍結されてしまいます。

この状況を解消するには、成年後見制度を利用して、認知症の人に後見人を選任するしかありません。後見人が付くことで、遺産分割協議が可能となり、遺産の相続ができるようになります。

相続人に、認知症の人がいる（自分が亡くなったときに認知症になっている可能性も含めて）場合には、「遺言執行者」を決めて、遺言を書いておくことをおすすめします。相続の際に、遺産分割協議の必要がなくなります。

遺言で指定されていない遺産については、別途「遺産分割協議」を行うことが必要になってしまいますので、遺言には、全財産を網羅して書くように注意しましょう。

遺言があっても……

ただし、遺言の内容によっては進められない相続手続きがあります。

それは、遺言書に認知症の相続人が不動産を相続すると明記されていた場合です。

相続人に法的な判断能力が認められない場合は、不動産の名義変更手続きができないのです。

その場合は、成年後見制度を利用して、成年後見人となった人が、認知症である相続人の代わりに不動産の名義変更手続きの申請を行うことで、不動産の相続ができるようになります。

不動産は認知症ではない人が相続し、認知症である相続人が預貯金をすべて相続するという遺言であれば、執行人がすべて手続きをすることは可能なのですが、不動産の場合は、そう簡単ではないのです。

相続財産には、負の財産もあります。

認知症の人が、負の財産を遺した人の相続人になることもあります。相続放棄をすることで、負の財産を相続しなくてもすむのですが、意思能力のない認知症の相続人は、相続放棄をすることができません。

相続放棄とは、被相続人の財産すべてに対する相続権を放棄することです。相続放棄するには、家庭裁判所に対して「被相続人が亡くなったことを相続人が知ってから3ヶ月以内」に申し立てをする必要があります。

相続放棄は、自らの意思で行われるものなので、認知症の人は、申し立てができません。相続放棄をするには、成年後見人を立てて、相続放棄の申し立てを行ってもらうことになります。

後見人が選任されると、その日から3ヶ月以内が相続放棄の期限として設定されます。

第3章

資産の凍結と成年後見制度

資産の凍結は、親と子どもの生活を変える

第2章で、本人が金融機関の窓口に行って、通帳・印鑑・キャッシュカードの紛失を何度も届けるような、認知症と疑われる行動をとったときなどに口座凍結のリスクがある、とお話ししました。

ご相談者のお話で一番多いパターンが、親がキャッシュカードの暗証番号を忘れてＡＴＭの前で立ち往生してしまい、金融機関の方とのやり取りの中で、「著しく判断能力が低下している」と判断され、口座を凍結されてしまった、というケースです。

こうなると、代理人カードなども使えなくなりますので、そこから先は、預金の入金や引き出し、解約ができなくなってしまいます。年金が振り込まれても生活費のために引き出すことができません。生活費や医療費・介護費用などは、生きていくうえで必要な費用なので、すぐにでも子どもたちが立て替えなければならなくなります。当然、自分たちの生活にも大きな影響が出てきます。

金融機関は、認知症の人を困らせようとしているわけではありません。認知症などによって判断能力が低下した人が、オレオレ詐欺などの犯罪に巻き込まれて、財産を失うことから守るためなのですが、口座の凍結は、本人や家族にとっては辛いものがあります。

２０２１年に全国銀行協会が示した「本人の判

■図４ 成年後見制度の主な申し立て理由

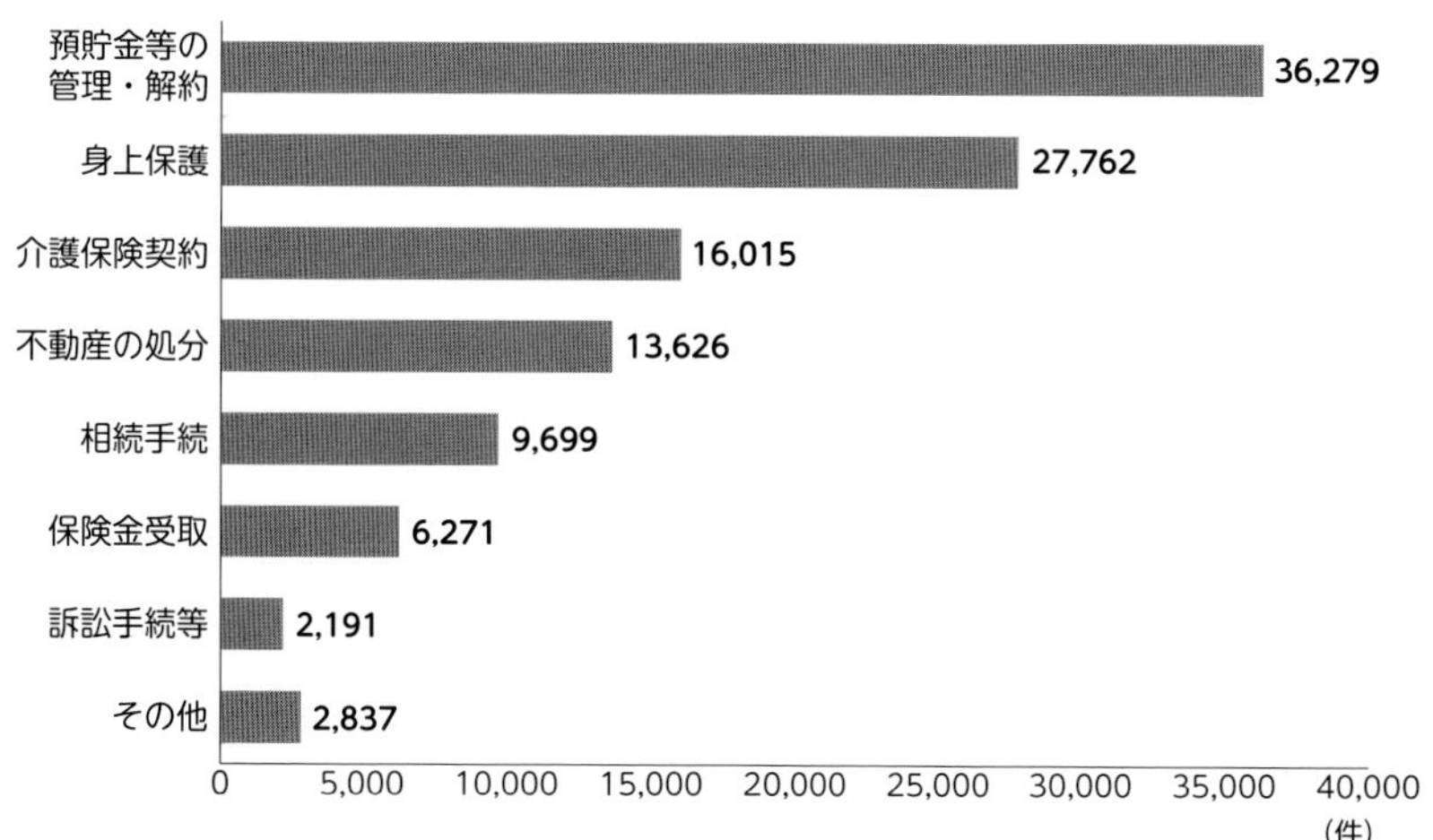

注１：後見開始、保佐開始、補助開始及び任意後見監督人選任事件の終局事件を対象とした。
注２：１件の終局事件について主な申立ての動機が複数ある場合があるため、総数は、終局事件総数（39,503 件）とは一致しない。

出典：最高裁判所事務総局家庭局「成年後見関係事件の概況」―2022 年１月～ 12 月―より

断能力が低下・喪失していても、本人の医療費など、本人の利益に適合することが明らかな場合には、親族からの払い戻し（振り込み）の依頼に応じうること」との新しい方針がありますが、個別の金融機関が応じてくれるかどうかわかりませんので、それをあてにすることはできません。

凍結された口座を解除するには、成年後見制度（後ほど詳しく説明します）を利用するしかありません。成年後見の申し立てをして、後見人が選任されれば、本人の定期預金の解約も含めて、その人のために預金を使うことができるようになります。

実際に、口座が凍結されて、定期預金の解約や預貯金の管理のために成年後見制度を利用する人は多いです（図４）。

「アパートの大家」さんが認知症になると……

ひとり暮らしの親が認知症を発症していたのに、子どもたちが、そのことに気がつかなかった、ということはよくあることです。初期の段階では、本人も気がついていないことが多く、そのうち他人を巻き込んだトラブルなども起きてきます。

以前、ご相談にいらした方は、ひとり暮らしをしていた母親が認知症になっていることを本人も子どもたちも気がつかずにいたところ、管理しているアパートの新規の入居手続きを同時に2人にしてしまったというトラブルがあって、本当に大変だったという話をしてくださいました。

母親は、入居募集で、最初の方と契約をしたことを忘れて、次の申し込みの方とも契約をしてしまった。入居予定者が引っ越してきたら、鉢合わせした。入居予定者は、母親を問い詰めるが、本人は「契約をした覚えがない」と。最終的には子どもたちが呼ばれ、母親に代わって、後始末に奔走した。母親は、ショックで寝込んでしまい、一気に認知症が進んでしまった。銀行の暗証番号も忘れてしまったため、迷惑をかけた入居者さんへの弁償なども子どもたちが負担した。そのような話でした。

個人で経営しているアパートの大家さんが、認知症になると、早晩、管理は行き届かなくなり、新規の契約や修繕の支払い等にトラブルが生じ、経営を続けることが困難になります。

家族が困るのは、トラブルが発生して、親御さんが認知症だとわかった段階で、銀行の預金が凍結されて、引き出しができない状況になっている場合です。

トラブルの後始末に関する費用が引き出せなければ、子どもが立て替えなければなりません。さらに、その後の親の生活費や医療・介護の費用、アパート関連の費用も立て替えることになります。

後見人がきても安心できない

凍結された預貯金を解除するには、成年後見制度を利用するしかありません。選任された後見人は、親御さんの資産全部を管理することになります。そうなれば、親の資金からアパートの関連費用も払うことができるようになります。

一件落着、めでたし、めでたし……と、いいたいところですが、ちょっと問題は残ります。後見人は、本人の財産を守ることは優先してくれますが、アパートの入居率を高めるためのリフォームやセキュリティの強化などにお金を使うことはありません。となると、入居率は下がってしまうかもしれません。

アパート管理ができる自分でいることを誇りに思っている親御さんは、元気なうちは、管理を子ども世代に任せることは考えていないと思うのですが……。

脳梗塞やけがで認知症を発症してしまうリスクは、年齢が高くなればなるほど、高まっていきますから、早めの対策をしたほうがよいでしょう。

認知症でトラブルになる前に

認知症が進行していることに気がつかず放置していると大変なことになる場合があります
Sさんは、自宅隣の小さなアパートの大家さんを長年やっているのですが最近物忘れがひどいよう

空き部屋の募集をしたところ
すぐにAさんという希望者が現れて4月からの入居で契約
そしてその2日後Bさんから問い合わせ
はい入居希望？内見にいらっしゃいますか？

Aさんと契約したことを忘れてしまい、Bさんとも契約
Aさん
Bさん
そして4月2人が同時に引っ越してきて
引越
えっこの部屋ですか
僕も契約してるんですけど
引越

大家さん！どうなってるんですか！
え、ごめんなさいちょっと
よくわからないんだけど……
オロ
オロ
話ができる人をということで息子に連絡をとることに……
RRR

母さん
一体どういう
こと？
それが覚えて
ないのよ～
どちらとも契約書を
交わしていたため
二重契約となって
しまい
Bさんにお詫びをして
次の物件が
見つかるまでの
宿泊代や
申し訳
ありません!!
荷物の倉庫代
引っ越し代など
すべて負担して
かなりの金額に……
もっと早く
気づいていれば
こんなことには
……
Sさんはショックで
塞ぎ込んでしまい
さらに認知症が進行
アパートを売ることも
できず、息子さんの
負担は増す一方
不動産の売買が
できなくなると
介護に使えるお金がない
場合、本当に困りますよね
他にも……
叔父さんが亡くなった？
借金？
認知症だと
相続放棄
できない？
ちょっと待って！
相続関連も
手続きができなくなるので要注意です
トラブルが起きる前に
対策をとっておけると
いいですね
認知症対策は
今すぐに！

「資産凍結」を解消する「成年後見制度」とは

今までの項でも書いてきましたが「資産の凍結」を解除するには、成年後見制度を利用するしか方法はありません。

では、成年後見制度とはどのような制度なのでしょうか。

成年後見制度とは認知症・知的障害・精神障害などによって判断能力を喪失してしまった人に対して援助者を選び、財産管理や契約行為などを法律的に支援する制度です。

成年後見制度には、「法定後見制度」と「任意後見制度」のふたつがあります。

・法定後見制度

法定後見制度は、すでに、認知症などで判断能力が減退して、財産管理等が難しくなっている人に対して、支援を受けるために家庭裁判所に申し立てる制度です。

・任意後見制度

任意後見制度は、本人が元気なうちに後見人となる人を契約で定めておく制度です。

任意後見制度については、第4章で詳しく説明します。

法定後見制度は、制度を利用する本人の判断能力の度合いによって「後見」「保佐」「補助」の3

つの制度に分かれています。それぞれ家庭裁判所に選任された人を「成年後見人」「保佐人」「補助人」と呼びます。その人たちが持つ権限には違いがあります。それぞれについて、説明します。

・「後見」制度

認知症・知的障害・精神障害などにより、判断能力が欠けているのが通常の状態にある方を保護・支援するための制度。

成年後見人には、日用品（食料品や衣料品等）の購入以外は、本人が持っているすべての権利の代理権があります。

例えば、定期預金の解約や不動産の売却、相続手続きや、本人の希望や身体の状態、生活の様子等を考慮して、必要な福祉サービスや医療が受けられる介護サービスなどの契約の手続きなどです。

・「保佐」制度

認知症・知的障害・精神障害などにより、判断能力が著しく不十分な方を保護・支援するための制度。

保佐人の代理権は申し立てにより審判で定められます。また、法律で決められている（民法13条）いくつかの法律行為については、同意権が与えられています。

具体的には、お金を借りる、保証人となる、

■表5「後見」「保佐」「補助」の主な違い

	後見	保佐	補助
対象となる人	判断能力が欠けているのが通常の状態の方	判断能力が著しく不十分な方	判断能力が不十分な方
権限の範囲	財産に関するすべての法律行為	申し立ての範囲内で家庭裁判所が審判で定める「特定の法律行為」(注)	申し立ての範囲内で家庭裁判所が審判で定める「特定の法律行為」(注)

注：借金、訴訟行為、相続の承認・放棄、新築・改築・増築などの行為

不動産を売買するなどの本人の行為について、保佐人の同意を得ることが必要になります。

保佐人の同意を得ないでした行為については、本人または保佐人が後から取り消すことができます。

・「補助」制度

軽度の認知症・知的障害・精神障害などにより、判断能力の不十分な方を保護・支援するための制度。

補助人は、本人の判断能力が不十分なだけで、本人ができることも他の後見・保佐制度よりは多いため、法律（民法13条）で決められた9つの法律行為のうち、本人の判断が難しい特定の行為の手続きについてのみ、同意権・取消権、代理権が与えられます。

■表6 民法

<民法>

第十三条　被保佐人が次に掲げる行為をするには、その保佐人の同意を得なければならない。ただし、第九条ただし書に規定する行為については、この限りでない。（2～4項略）

一　元本を領収し、又は利用すること。
二　借財又は保証をすること。
三　不動産その他重要な財産に関する権利の得喪を目的とする行為をすること。
四　訴訟行為をすること。
五　贈与、和解又は仲裁合意（仲裁法（平成十五年法律第百三十八号）第二条第一項に規定する仲裁合意をいう。）をすること。
六　相続の承認若しくは放棄又は遺産の分割をすること。
七　贈与の申込みを拒絶し、遺贈を放棄し、負担付贈与の申込みを承諾し、又は負担付遺贈を承認すること。
八　新築、改築、増築又は大修繕をすること。
九　第六百二条に定める期間を超える賃貸借をすること。
十　前各号に掲げる行為を制限行為能力者（未成年者、成年被後見人、被保佐人及び第十七条第一項の審判を受けた被補助人をいう。以下同じ。）の法定代理人としてすること。

成年後見人の仕事

では、次に成年後見人の仕事はどのようなものかを見ていきましょう。

成年後見人の法律上の仕事内容は、「財産管理」と「身上保護」になります。

身上保護とは、要介護認定の申請手続き、医療や介護サービス等の利用契約・変更等、高齢者向け施設等への入退去に係る契約と手続き、生活費の送金、住宅の修繕や掃除の手配などを行うことです。

直接、介護の世話をしたりすることはありませんが、定期的に訪問して、介護のケアプランの変更が必要かどうかなどをチェックすることもあります。

また、後見人は、本人の財産を適切に管理する義務がありますので、元本が減るリスクのある資産運用や親族に贈与することやお金を貸したりするなどの本人の利益にならない行為をすることはできません。

すべての財産を把握し、財産目録を作り、家庭裁判所に後見事務の内容と財産の状況などを１年に１回報告します。

いったん後見が開始すると、ご本人が死亡するまで、後見人の仕事は続きます。

よく勘違いされるのですが、制度を利用する当初の目的が解決すれば、後見は終了すると思っている人が多いですが、そうではありません。よく理解したうえで申し立てを行いましょう。

成年後見人が決まるまで

本人の判断能力が低下して預貯金が凍結され、困っても、すぐに成年後見制度が利用できるわけではありません。

家庭裁判所で成年後見制度の審判を受けて、後見人を選任してもらう必要があります。

まず、必要な書類（表7）を準備して、申し立てをします。申し立て日には、家庭裁判所で、申立人や本人、後見候補者などと調査官との面接が行われます。次の審理では、本人調査や親族への意向照会も行われ、必要に応じて鑑定を求められることもあります。

調査、審理を経て、後見開始の審判。同時に、

■表7 申立書類と添付書類（一部）

<申立書類>

□ 申立事情説明書　□ 親族関係図　□ 親族の意見書
□ 後見人等候補者事情説明書（候補者の方がいない場合には提出不要）
□ 財産目録
□ 相続財産目録（本人を相続人とする相続財産がない場合には提出不要）
□ 収支予定表

<添付書類（一部）>

□ 申立人の戸籍謄本（全部事項証明書）
□ 本人の戸籍謄本（全部事項証明書）
□ 本人の住民票又は戸籍附票
□ 成年後見人等候補者の住民票又は戸籍附票
□ 本人の診断書
□ 本人の健康状態に関する資料
□ 本人の財産に関する資料
□ 本人が相続人となっている遺産分割未了の相続財産に関する資料 など

成年後見人等が選任されます。

成年後見人の選任の申し立てには、実に多くの書類（表7）の準備が必要になります。

見ただけでも、うんざりするような数ですが、人ひとりのこれからの人生を丸ごと支援する制度ですので、仕方のないことかもしれません。

申し立てをする前に、いくつか確認しておきたいことがあります。

・希望した人が候補者に選任されるとは限りません

成年後見の申し立ての際には、後見人の候補者を推薦することができます。しかし、後見人を選ぶのは家庭裁判所ですので、後見人としてふさわしくないと判断した場合は、候補者以外の人（弁護士などの専門職）が選ばれることがあります。

この選任の決定には、不服申し立てができません。

・制度の利用は、本人が亡くなるまでです

後見人が選任されて着任後、制度利用の動機（不動産の売却など）が、解決しても、制度の開始後は、勝手に辞めることはできません。本人が亡くなるまで続くことになります。

・後見人は、本人の財産を適切に管理する義務を負います

後見人は、原則として1年に1回決められた時期に、裁判所に対して後見事務の状況を報告することになっています。

家族は、成年後見人に選ばれるのか？

後見人には、特に資格などはありません。家庭裁判所から適任と認められれば、親族でも、親族以外の方でもなることができます。社会福祉法人などの法人が選任されることもあります。

ただし、未成年者、成年後見人を解任された人など、成年後見人になれない人もいます。

では、実際には、どのような人が成年後見人に選任されるのでしょうか？

図5のように、以前は、配偶者や子どもなどの親族が7割くらいでしたが、最近は、親族以外の第三者（弁護士や司法書士、社会福祉士などの専門家など）が約8割を占めるようになっています。

親族が後見人として選ばれない理由のひとつに、そもそも、申立書の「成年後見人等候補者」に親族が入っていないことがあります。

2022年の最高裁判所のデータでは、申し立て時点で、家族や親族を候補者としてあげているケースが、23・1%しかありませんでした。

親族が高齢であるなど、後見人にふさわしい親族がいない、頼まれてくれる人がいないということもあります。

また、候補者として、家族や親族をあげていても、家庭裁判所が不適切と判断すれば、後見人に選ばれることはありません。

東京家庭裁判所後見センターによると、以下の

■図5 成年後見人等（成年後見人、保佐人及び補助人）と本人の関係

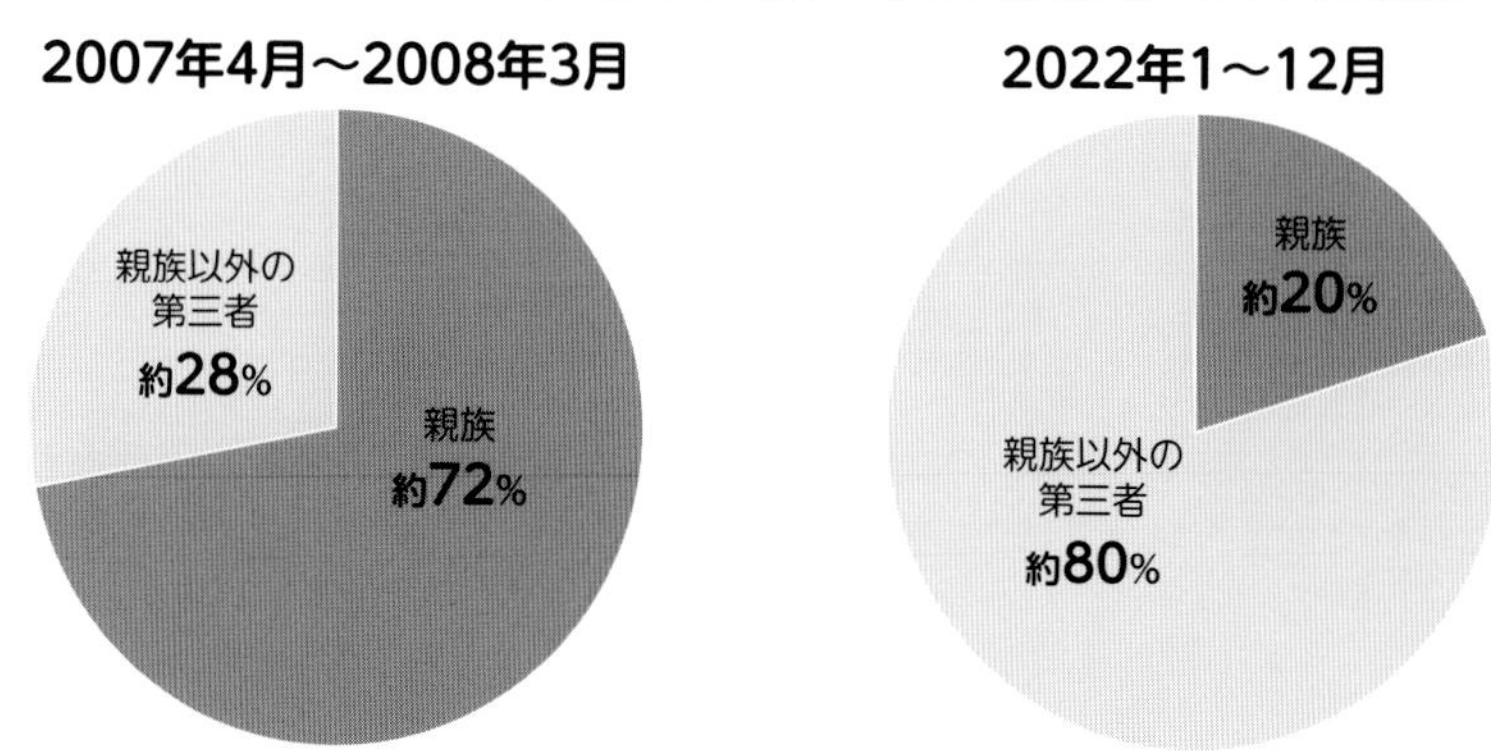

参考：最高裁判所事務総局家庭局 「成年後見関係事件の概況」－ 2007 年 4 月〜 2008 年 3 月－と—2022 年 1 月〜 12 月—より

ようなケースでは、後見人候補者以外の人を後見人等に選任したり、監督人を選任したりする可能性があるとしています。

（1）親族間に意見の対立がある場合
（2）流動資産の額や種類が多い場合
（3）不動産の売買が予定されているなど、申し立ての動機となった課題が重要な法律行為を含んでいる場合

など、15項目にわたります。

本人の財産が多く、親族の後見人が管理する預金などの流動資産が１０００万円を超えるようなときは、原則として専門職の後見監督人を選任する家庭裁判所も多いです。

思ってたのと違う？ 成年後見人

私自身もおひとり様なこともあり財産管理や手続きなどお願いできれば助かると裁判所に選んでもらいました

これで助かった……
と、そのときは本当にほっとしました
ホッ

やがて母の認知症も進行し施設入所も考え始め
もう限界かも

成年後見人に問い合わせをしてみました
母の財産は施設に入れるくらい残っているんだろうか
まだ調査中ですのでなんともいえません
そうですか
3ヶ月後
母の財産についてお伺いしたいんですが
薬

えっ！家族には教えてもらえないんですか？
そんな…
後見の仕事は非公開になっているんです家庭裁判所に申請して必要と認められれば報告書を閲覧することは可能です

元気が出るお金の相談所
ずーん
そんなわけでけんもほろろというか……
あらあら
正直冷たい…って思っちゃいました
後見人と家族は協力して本人の介護がうまくいくようにするものだと思ってたんですが……
本人
成年後見人
家族

本人の身上保護と財産管理が目的だから家族のことには目を向けてくれないことが多いわ
家族からの要望は伝えるべきです
でも必ずかなうわけではないのよね

例えば孫などへのお祝い金や本人が快適に過ごすためによかれと思って使ったお金も認められないこともあるのよね
お祝
美容院代や旅行代などが認められなかったというのはよく聞くわね

なんか思ってたのとかなり違うんですが……そういうものなんですね
法
ケースバイケースではあるんですが成年後見人はあくまでも本人のためにお仕事をしていると思ってね
だけど家族にとっては使い勝手が悪いのよね
役割を理解してお付き合いしていかないといけませんね

成年後見制度は、家族にとって使い勝手が悪い

ご相談者の中には、過去に成年後見制度を利用した方が結構いらっしゃるのですが、よい感想を述べる人は多くありません。

「親の財産がかなりあったので、後見人として弁護士さんが選任されたのですけれども、後見人の報酬が月6万円でした。年間で72万円。父親本人が亡くなるまででしたから、720万円ですよ。ちょっとどうなんでしょう」と、「後見人の報酬」について、不満をおっしゃる方は多いです。

後見人等や監督人に対する報酬は、仕事内容や財産状況などを考慮して、家庭裁判所が金額を決めていきます。基本報酬の目安は表8の通りです。報酬は、本人の財産から支払われます。

報酬には、特別に手間がかかって、困難だった場合に支払われる「付加報酬」もあり、基本報酬額に上乗せされます。その他、訴訟、調停、相続における遺産分割の手続きや不動産の売却手続きを行ったときは、その行為に応じて、報酬が支払われます。

成年後見人がついた後の

■表8 成年後見人の基本報酬の目安

本人の管理財産額	報酬（月額）
1000万円以下	2万円
1000万円超5000万円以下	3～4万円
5000万円超	5～6万円

注：保佐人、補助人も同様。
出典：東京家庭裁判所「成年後見人等の報酬額のめやす」より

親のお金の引き出しに不満を持たれる人も多いですね。

後見人に母親の生活費を請求したところ「年金で賄(まかな)えないのですか?」といわれた方がいます。「父親の名義になってはいますが、後見人が管理している口座は、夫婦の生活費口座です。どこの家庭でもやっていますよね。夫婦の生活費として老後に使おうと貯めていた口座なのだから、母親の生活費をさっさと出してもよいはずなんですよ。調べたら、『扶養義務を負っている配偶者の生活費は支出してもよい』ことになっているじゃないですか。たいそうな額を請求したわけではないのに……」

他にも、支出制限についての不満はあります。

後見人が管理している口座を、夫婦2人で旅行するときにも使う計画があった人の話です。

「介護タクシーなどを利用して、車いすで父を旅行に連れて行きたいので、父親の旅行費用を出してほしいと、後見人にお願いしたのですが、『本人にとって、それは必要ですか? ご本人が希望しているのでしょうか? 希望しているのがご家族なのであれば、ご家族が負担して行かれたらどうですか?』っていわれました。親が老後資金にと、一生懸命に働いて2人で貯めたお金なのに、そんな扱いってありますか? 成年後見制度を使わなきゃよかった、って思いました」

あくまでも「本人」のため

凍結された預貯金口座は、後見人によって解除され、本人のお金を使えるようになりますが、以前のような使い方ができるわけではありません。

あくまでも成年後見制度は本人のための制度ですから、「本人の財産は本人の生活のために使う」というのが前提です。たとえ今まで、習慣的に家族が本人のお金で家族旅行をしていたとしても、成年後見制度が始まった後は、本人のお金を家族のために使うことはできなくなるのです。

基本的に支出は、本人の生活費、医療費、介護サービスの利用料や入所する施設料、税金、本人の負債の支払い、成年後見監督人や成年後見人への報酬や後見の事務に必要な費用等に限られています。本人に扶養義務のある配偶者や障害のある子どもがいる場合には、その生活費も出せることになっています。

その他、法事の費用、被後見人名義で出す冠婚の祝儀や葬祭の香典などは、「常識の範囲内の金額に限る」として、支出が認められます。

こうしてみてくると、資産の凍結解除には役に立つ成年後見制度ですが、家族にとってみると、実に使い勝手の悪い制度だと思います。

実際、2025年の認知症患者は700万人と推計されているのに、2022年12月末時点での成年後見制度（成年後見・保佐・補助・任意後見）の利用者は、約24万人です。3・4％程度にすぎません。制度の使いづらさが、普及していかない要因ではないでしょうか。

政府はそのような状況を改善するために、成年後見制度の抜本的な改正を検討し始めています。法改正が実現されれば、この使い勝手の悪い成年後見制度が、少しは使いやすくなるかもしれませんね。

第4章

親が認知症になっても安心できる制度

親が認知症になっても安心できる対策

認知症になって、判断能力が著しく低下してしまうと、法律行為や契約行為ができなくなってしまいます。金融機関の口座が凍結してしまうこともありますし、自分の介護費用のために自宅を売却することも、生命保険を解約することもできなくなってしまいます。

こうした「資産凍結リスク」に備えつつ、認知症になっても安心して暮らしていくことができる対策を早めに実行していきましょう。

●財産管理のために

認知症になっても、自分の老後の暮らしや医療、介護のためのお金を自分以外の人に管理してもらうことができる仕組みとして、「家族信託」と「任意後見制度」があります。これらについては、次の項からそれぞれ詳しく説明をしていきますので、そちらをお読みください。

●もめない相続のための遺言を

認知症になったら、遺言を書くことができなくなります。自分亡き後に、家族がもめて困ることのないように、専門家に相談するなどして、遺言を書いておきましょう。

特に、特定の相続人に分けにくい不動産を相続させるときには、他の相続人が持つ遺留分（一定の相続人に法律上保証されている遺産の取得割合）を侵害しないように、注意してください。

遺言を勧める理由はふたつ。

ひとつは、自分の財産がどれだけあるのかを正確に把握する機会になるということ。誰に何をいくら相続させるかを考えるうえで、一覧表などで全体を把握しておくことは、とても大事です。

ふたつ目は、配偶者の認知症対策になるからです。自分が亡くなったときに配偶者が認知症になっている可能性は、まったくないとはいえませんよね。認知症の人は遺産分割協議に参加することはできません。

相続を進めるためには、成年後見制度を利用するしかないのですが、そのためだけに後見人の申し立てをするのは、なんとも非効率です。遺言執行者を決めて、配偶者が認知症になっていても安心して相続ができる遺言を書きましょう。

●安心して暮らすために

高齢の親の室内での転倒を防ぐために、住環境を整備しておきましょう。

親が転倒で骨折して長期入院したら、認知症のような症状を見せるようになった、という話はよく聞きます。東京消防庁によれば、高齢者の転倒事故のおよそ6割は自宅とのこと。寝室からトイレへの動線に、つまずいたりするものはないか、などの住宅の環境の点検は怠りなく。認知症も含めた介護予防対策として、とても大事だと思います。

ちなみに、高齢者の介護が必要となった主な原因は、認知症、脳血管疾患（脳卒中）に続き、「骨折・転倒」が13・9％と3番目の多さです（表3参照・厚生労働省「2022年国民生活基礎調査」）。転倒は、介護の入り口だと思ってください。

家族信託の仕組み

家族信託とは、簡単にいうと、信頼できる家族や親族に財産を託して、自分の老後の生活や介護などのために、自分の資産（不動産や預金）の一部を管理したり処分したりすることを任せて、財産を与えたい人に給付・承継する仕組みです。

信託銀行や投資信託のような営利目的の信託を「商事信託」、利益を目的とすることのない信託を「民事信託」といい、資産の管理者が家族となる場合は「家族信託」と呼ばれています。

家族信託の基本的な当事者は3人です。

財産を持っていて、その管理を託す人（委託者）が、特定した財産（信託財産）を管理する人（受託者）に名義を移転させます。受託者は、委託者の願い通りに、財産を管理、運用、処分して、信託財産からの利益を受け取る人（受益者）に給付していきます。

事例で説明します（92ページ参照）。

例えば、父親が認知症対策のために、自分の自宅不動産や賃貸用不動産、預貯金の一部などの管理を子どもに託して移し、その収益を自分の生活費や医療・介護等のために給付してもらおうという仕組みを作るとします。

この場合、委託者が父親、受託者が子ども、収益を受ける受益者は父親となります。父親は、委託者であり、受益者でもあります。

信託財産のうち、預貯金は、受託者の名義の信託専用の口座に振り込み等で資産を移していきます。不動産は、法務局に「信託による所有権の移転」登記の手続きをして受託者が管理します。

このようにして、資産を移して、受託者が管理・処分することができるようにしていきます。

信託財産の額は、認知症対策で家族信託を作るのであれば、生活費のほか将来の医療・介護費用にかかると思われる額にします。委託者のすべての財産を信託財産とする必要はありません。

家族信託を組成する際に、信託財産をいくらにするかは、家族会議で決めておきます。

信託口座の残高が少なくなってしまったら、委託者と話し合い、信託財産を追加することができます。

その際に、すでに委託者の認知症が進んでいると、本人の口座から、資産を移すことができなくなります。その場合は、自宅不動産の売却が必要になるかもしれません。所有権を持っている子どもが、自宅を売却処分することができます。

このような契約を交わしておけば、認知症になった後でも、医療・介護費用などを子どもに託した信託財産から給付してもらうことができます。

家族信託は、こうした「資産の凍結リスクを防ぐ」仕組みとして、今注目されています。

家族信託は自由度が高い

家族信託について説明しますね

親が子に財産を預けて自分のために使ってもらうのが「家族信託」です

俺が倒れたらこのお金で介護を頼む

財産の一部

わかった！

家族信託の仕組みの例

委託者（父）、受託者（子）、受益者（父）の場合

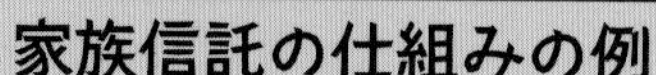

委託者（父） 財産を託す人	信託契約で権限を受託者に託す（贈与税はかからない） → 名義を変更	**受託者（子）** 財産を託される人（形式的な所有者）
＝ 自分への支給だから贈与税はない		↓ 管理と処分
受益者（父） 信託財産から利益を受ける人	生活費を父に支給し、必要なときは不動産を売却して資金に ← 受益者のために支給	**信託財産** 預金、不動産 有価証券など

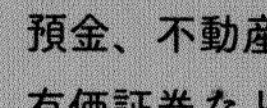

贈与ではなく、預けるだけ！

親が認知症などで意思決定できなくなったとき委託された財産を親のために使います

……
子の名義になるので子どもが運用をしたり不動産を売ったりして親のために使う資金を捻出することもできます
運用
売却
OK!

家族信託であれば
安心して任せられる人に
財産を託すことができます

安心

預かった人は
自分の財産
とはきちんと
分けて
信託した人の
ために
使わなくては
いけません

信託財産
自分の財産
預かった財産

信託銀行や投資信託の
「信託」は営利目的
なので
この場合の
信託とは
意味が違います

投資信託
信託銀行

委託者が亡くなった
ときは、事前に残った
財産（残余財産）を
誰に継いでもらうかを
決めておくので
他の財産とは
別に清算します

お金の使い方については、希望を受託者や受益者代理人に伝えて
おくことで、介護や医療だけでなく、生活費として渡すことが
できるので、孫へのお年玉やお祝いなども出すことができます

契約

おじいちゃん
ありがとう！

お年玉
お祝

家庭裁判所を通さないので
お互いに自由度が
高いのも特徴です

まかせたぞ

「家族信託」は、親の
意思決定ができるうちに
早めに取り組むのが
おすすめです

任意後見制度の仕組み

任意後見制度は、判断能力が十分なうちに、財産を委託する本人が、あらかじめ後見人となってくれる人（任意後見受任者）と、委任する事柄を契約で定めて、将来、自分が認知症などで判断能力が不十分になったときに、支援を受ける制度です。

認知症になった後の生活、医療契約、介護サービスの契約、施設への入所契約等の身上に関することや、不動産の管理や預貯金の出し入れ等の財産管理に関してあらかじめ「何をしてもらうか」を決めて、任意後見受任者に代理権を付与する契約を結びます。

内容はある程度自由に決めることができます。自分の判断能力が低下した後の生活や求める介護について等の具体的ライフプランを付けることができます。身分にかかわること（結婚や離婚など）や本人が行った契約の取り消しはできません。

代理権には、左の表9のようなものがあります。

この任意後見契約は、公正証書で契約をしなければなりません。

公証役場で、任意後見契約を結ぶと公証人によって、法務局に登記されます。

これによって、本人に代わって、任意後見人が財産管理等での手続きをする際には、必要に応じ

■表9 任意後見人に付与する代理権の例

●不動産、動産等すべての財産の保存、管理及び処分に関する事項
●金融機関、証券会社とのすべての取引に関する事項
●保険契約（類似の共済契約等を含む）に関する事項
●定期的な収入の受領、定期的な支出を要する費用の支払いに関する事項
●生活費の送金、生活に必要な財産の取得に関する事項及び物品の購入その他の日常生活関連取引（契約の変更、解除を含む）に関する事項
●医療契約、入院契約、介護契約その他の福祉サービス利用契約、福祉関係施設入退所契約に関する事項
●要介護認定の申請及び認定に関する承認又は審査請求並びに福祉関係の措置（施設入所措置を含む）の申請及び決定に対する審査請求に関する事項
●居住用不動産の購入及び賃貸借契約並びに住居の新築・増改築に関する請負契約に関する事項
●遺産分割の協議、遺留分侵害額の請求、相続放棄、限定承認に関する事項

て、登記事項証明書を取得して、代理権を証明することができるようになります。契約の効力は、判断能力が不十分な状態になるまで生じません。

本人が、判断能力が不十分になってきたときは、親族や任意後見受任者等が、家庭裁判所に任意後見人を監督する人（任意後見監督人）の選任の申し立てをします。家庭裁判所が任意後見監督人を選任したときから、任意後見契約の効力が生じます。

任意後見受任者は、このときから「任意後見人」として、任意後見契約の中の代理権目録に記載されている「財産管理」と「身上保護」に関する契約行為を行うことができます。

自分で後見人を選ぶ「任意後見」

認知症になると
成年後見人が必要ですが
その後見人を選ぶことが
できるのが
任意後見制度です

まずは自分が
元気なうちに
信頼できる
人と
任意後見契約を
結ぶ必要があります

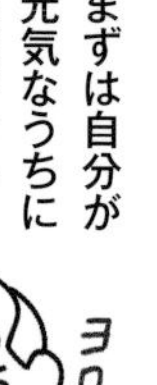

子どもや親戚に
頼む人もいれば
司法書士などの
専門家に
お願いする
場合もあります

あらかじめ本人が
自分の老後に
ついての希望を
盛り込んだ契約が
できるので
家族も
安心できます

裁判所が選ぶ
法定後見の
場合は
家族の希望が
かなえられ
にくいのが
現実です

任意後見制度を
利用するためには
次のような
手続きを踏む
必要があります

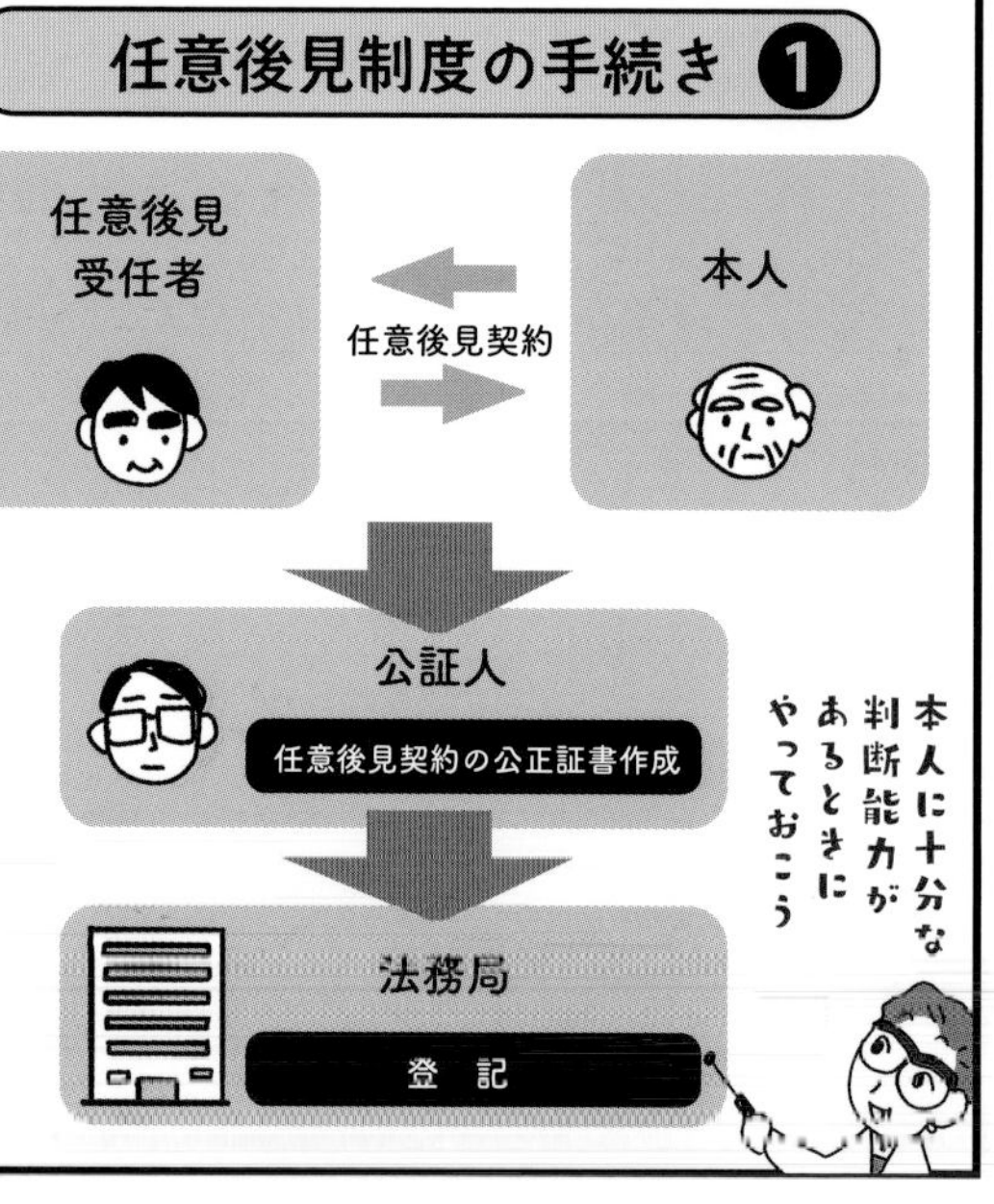

本人の判断能力が低下したら

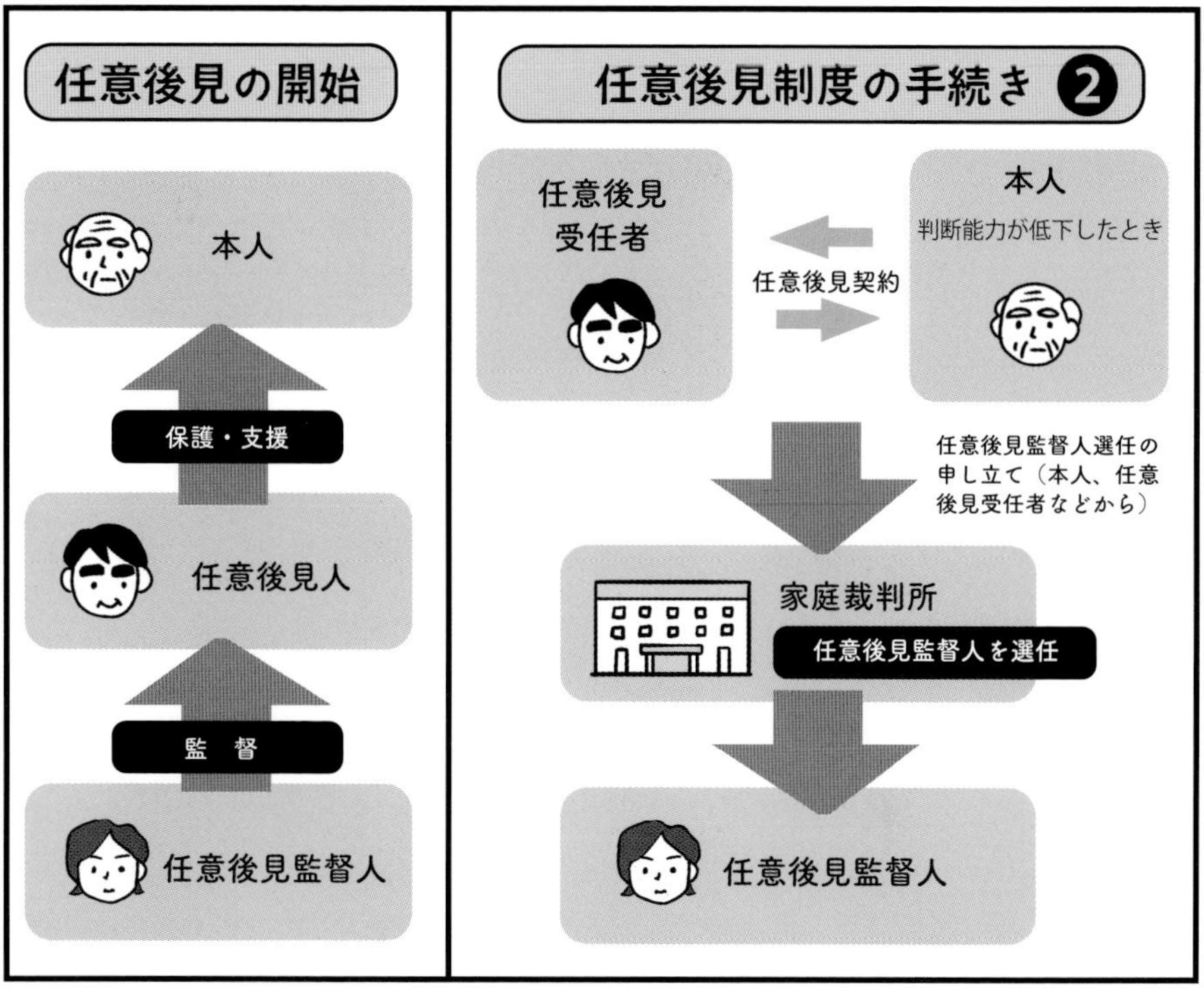

任意後見の開始

本人

↑ 保護・支援

任意後見人

↑ 監督

任意後見監督人

任意後見制度の手続き ❷

任意後見受任者 ⇄ 任意後見契約 ⇄ 本人（判断能力が低下したとき）

↓ 任意後見監督人選任の申し立て（本人、任意後見受任者などから）

家庭裁判所
任意後見監督人を選任

↓

任意後見監督人

任意後見人は本人名義の財産を一切合切管理することになります
本人の希望する暮らしを実現するために契約書でお金の使い方を細かく決めていきます
とはいえあまりにも問題のある管理をしないために監督人がつくのです
NO
任意後見人の仕事は大きく分けてふたつ「財産の管理」と「身上保護」
契約の際は具体的な希望を盛り込めます
介護は息子に
老人ホームは○○のようなところで
また受任者は家族1人にするのではなく2人に依頼したりあるいは信頼できる法人（団体など）を家族と組み合わせることもできます
いずれにしても本人のライフプランが非常に重要なので、しっかり取り組みましょう
LIFE PLAN

家族信託の3つの特徴

家族信託は、任意後見制度と違い、家庭裁判所が関与することなく、信託の内容を自由に設計できる点が大きな特徴といえます。

契約を締結したそのときから、本人の希望に沿って定めた信託目的に従って、自由に財産を管理・運用・処分することができます。

本人が元気なうちに、あらかじめ信託契約書で定めておけば、不動産の買い替えなどの資産の組み換えや賃貸物件の管理・修繕、株式投資などについても、行うことが可能です。

もうひとつの大きな特徴は、通常の相続では、遺言で資産の承継先を決められるのは一代のみですが、家族信託ではその次の世代の二次相続まで資産承継先を決めることができる点です。

Aさん（75）は地主の長男として、代々の土地を引き継いできました。夫婦には子どもがいません。Aさんは、自分が亡き後も妻（74）には、残した財産で安心した老後を送ってほしいと思っていますが、妻が亡き後は、先祖代々の土地は弟とその子どもに承継をしてほしいと思っています。

遺言では、「すべての財産を妻に相続させる」とは書けますが、その先の財産の承継については、Aさんは書くことができません。妻にその旨の遺言を書いてもらうしかありません。ですが、妻が、自分のきょうだいたちに残したいと心変わりをすれば、Aさんの思うような財産の承継はできなくなってしまいます。

承継の思いがかなう

家族信託であれば、Ａさんの思いがかないます。

信託財産を先祖代々の土地（不動産）と預金の一部とします。受託者を弟の子どもにして、第一受益者を自分、第二受益者を妻にします。受託者は、不動産の収益や預貯金から、Ａさん夫婦の生活費や介護費用を給付していきます。Ａさんの亡くなった後も信託は続き、妻の生活費や介護費用は、引き続き受託者から給付されます。妻が亡くなったときに、信託が終了するように設定します。信託の残余財産（残った財産）の帰属先（承継先）を受託者である弟の子どもに指定します。

このような信託の設計にすれば、Ａさんが望んだように、先祖代々の不動産は、弟の子どもに引き継がれていくことになります。

もうひとつ、家族信託で決めたことは「遺言より優先される」ということも、大きな特徴です。

例えば、父親が「自宅を信託し、信託終了後は長男が取得する」という信託契約をした後に、「自宅を次男に相続させる」という遺言を書いてしまったとします。この場合、作成の順序にかかわらず信託契約が優先され、長男が自宅を取得することになります。信託契約で信託財産とした財産は、受託者名義の信託財産となり、信託された財産は、遺言の対象外の財産となります。そのため、遺言の効力は信託財産に及ぶことがない、というわけです。従って、家族信託が優先されることになります。

家族信託はこんな人にオススメ

老後資金の現金は少なめだが不動産を処分すれば介護費用が出るような場合家族信託は向いているといえます

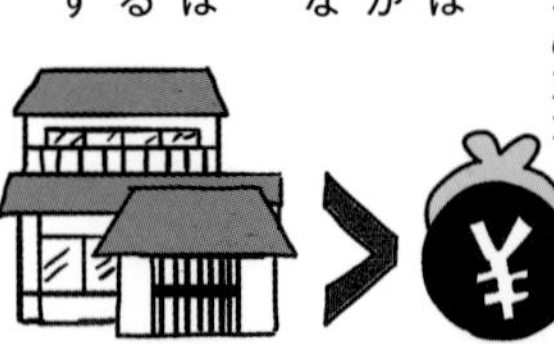

例えば……

❶自宅を売れば施設に入る費用が賄える

口約束だけでは認知症になったとき不動産の売買ができなくなるため家族信託で自宅を子ども名義にしておくとよいでしょう

❷親がアパート経営をしている

72ページで親の経営するアパートの二重契約で大変なことになった例をあげましたがこのようなトラブルも防げます

契約や売却も子どもができるようになれば安心です

❸夫名義の財産がほとんどで妻の年金も少ない

夫が倒れたり認知症になったりしたとき夫の財産が凍結されると成年後見人は夫のためにしか夫の財産を使えません

ええぇ〜〜
私の生活費は!?

扶養している妻の生活費であれば最低限は出してもらえますが今までと同じような趣味や旅行に使うお金は出ません

俺に何か
あったら
母さんのこと
頼んだぞ
妻が
変わらぬ
生活ができる
ように取り計らって
おけば安心です
④財産管理を子どもに任せたい
その他
管理が大変な
財産を
任せてしまう
ということも
OK
信託された
側は
自分の
名義に
なりますが
あくまでも
預かったもの
です
引き受けた！
よろしくね
ただ契約した
子どもひとりに
権利が集中
するため
不満が出る
場合もあります
弟
妹
使い込みなどの
トラブルも
起きないとは
いえません
きょうだいが
いる場合などは
関係者で
きちんと
話し合ったり
報告したり
するとよい
でしょう
弟
妹
任意後見と比べると
家庭裁判所の許可なども
不要なので
財産の
使い道の
自由度が
高いのが
特徴です
家庭裁判所
家族信託は
家族以外に
法人などとも
契約することが
できます
家族信託はあくまでも
財産管理で、身上保護は
できません
どこまでが
可能な範囲か
理解して
おきましょう

任意後見契約の特徴

任意後見制度は、将来的に判断能力が低下したときに備えて、本人が判断能力のあるうちに、財産を管理する人（任意後見受任者）を自分で決めて契約する制度です。

この契約は、本人が、認知症など判断能力が低下してきたときに、療養看護や財産管理に関する事務について、何をサポートしてほしいのかを具体的に決めて、「代理権」を任意後見人に与える契約になります。与える代理権は、代理権目録として、契約書に添付していきます。この代理権目録に記載できない事項は、「事実行為」「死後事務」「医療行為の同意」です。

「事実行為」とは、掃除や洗濯、生活用品の購入や入浴の介助などです。

「死後事務」とは、亡くなった後の諸手続き、葬儀や家の片づけなどです。任意後見制度は、本人の死亡と同時に契約が終了するので、「死後の事務」はできません。死後事務や遺産の管理を行ってもらうためには、「死後事務委任契約」（１０８ページで説明します）という別の契約を結んでおく必要があります。

本人の命にかかわる「医療行為（注射や手術）」に関する同意については、代理権を与えることはできません。

当事者双方の合意があれば、法律の趣旨に反しない限り、契約はサポートしてほしい内容（代理権）について自由に決められます。

例えば、財産管理の面での代理権について、「預貯金が○○万円を下回ったら、上場株式の◎◎を処分してほしい」という内容にすることもできます。

他にも「老人ホーム入居に関する契約の締結」ということではなく「判断能力が著しく劣ってしまったら、◎◎ホームまたは同等のサービスを受けられる施設への入居の手続きを〜」など、本人の希望をもとにして契約内容を決めることができます。

私がおすすめしているのは、ライフプラン条項を設けて、「ライフプラン」を書いたものを別紙として添付することです。

「別紙『ライフプラン』を本人の意思を示すものとして尊重し、その内容に沿った介護、福祉、医療その他のサービスを実現するように努めるものとする」として、自分が大切にしてきた暮らしへの思いや、将来思い描いている生活のことなどを「ライフプラン」に書いておきます。

任意後見人の代理権は、任意後見契約書の代理権目録に記載された行為のみです。代理権目録に記載されていなければ、どんなに必要な行為であっても代理することはできません。

任意後見契約書をひな形のように作ってしまうと成年後見とほとんど変わらないルールになってしまいます。それでは、任意後見契約をする意味がありません。自由に自分の希望を盛り込んでいきましょう。

任意後見はこんな人にオススメ

任意後見は
自分で意思決定が
できなくなったとき
任せられる人も
自分で選んで
おくものです

財産管理や
身上保護などを
自分の信頼
できる人と
契約を
することで
自分の希望を
活かすことができます

契約書

任意後見を利用すると
よい例をあげると

①お子さんのいない老夫婦

Aさん夫妻には
子どもがなく
妻の介護を
夫がして
います

もう年だし
自分に
何かあったら
妻が困って
しまう……

こんな場合は任意後見の契約を
頼める親戚やプロなどと結んで
おくのが
おすすめ
です

甥、姪など
世代の違う親戚

士業や法人などのプロ

②介護の人手が足りない

Bさんは
夫を亡くして
ひとり暮らし

ひとり息子は
海外在住で

何か
あっても
すぐには
帰れません

近くに親戚もおらず
生活の面倒も
みてくれる人が
いない状況です

任意後見人が
いれば
介護や
医療

日常の
生活に関する
手配なども
必要に応じて
できますし

訪問販売や
詐欺などの
被害を
防ぐことも
できます

事前に結んだ契約に沿って
生活ができるように計らってもらえます
その場合契約時に自分がこうしたいというライフプランがしっかりあることも大事になってきます
サポートしてくれる子どもや親戚などと話し合うことも大切です
❸自分の望んだようにしたい
Cさんは独身のバリキャリでペットもいます
自分で購入したマンション住まいですが何かあったら希望の施設に入りたいと考えています
ペットのことや財産のことなど自分の希望がしっかりある場合も任意後見は向いています
わたしもヨロシクニャー
家族信託は財産をすぐに渡すのに対し
頼む！
了解！
任意後見は、契約してから発動するまでにタイムラグがあります
あとはまかせて！
自分にはどちらが向いているのかもしくは併用もありなのか
よく考えて選択してくださいね！
家族信託
任意後見

財産管理委任契約って何？

財産管理委任契約とは、事故や病気、加齢によって、心身の状態が思わしくないときに、親族や友人など、信頼できる人に、本人に代わって財産の管理や病院、福祉サービスなどの利用の手続きを行ってもらう契約のことをいいます。

「委任契約」とか「任意代理契約」と呼ばれることもあります。

同じ任意での契約でも、任意後見契約は、判断能力が低下していること、もしくは低下する可能性があることを前提とした契約ですが、財産管理委任契約は、判断能力の低下を前提としてはいません。

財産管理委任契約の利点は、成年後見制度のような要件が定められているわけではないので、「今すぐにでも財産管理や医療・介護についての利用手続きの代行を頼みたい」というときに、活用できることです。

任意後見契約は、判断能力が不十分になって初めて効力が生じるので、その前から家族や親族、信頼のおける人に財産管理を委ねておきたい場合には、財産管理委任契約と任意後見契約をセットで結ぶことができます。

「老化や体調不良で自分での財産管理がおぼつかなくなったときには、まず、財産管理委任契約で委任者に財産を委ねておいて、判断能力が不十分になった後は任意後見契約に移行する」という、使い方ができます。

任意後見契約とセットで結ぶ場合も単独で結ぶ場合も、契約行為なので、結ぶときに本人の意思能力があることが前提です。高齢になってからの契約は、特に本人の契約時点での意思能力を疑われることもありますので、契約時点での意思能力を証明できる資料を残しておくとよいと思います。

財産管理委任契約で、契約した財産管理の手続きを代行してもらえるようになりますが、私的な契約なので、金融機関によっては対応してもらえないことが多くあります。

銀行などの窓口で、本人の同行が求められたりすることもあります。

将来的に、財産管理委任契約を結ぶことになるのであれば、口座がある金融機関で「財産管理委任契約での窓口対応が可能か否か」を事前に確認しておくことが大事になります。また、対応可能な場合でも、条件があることもありますので、それもしっかりと把握しておくとよいでしょう。

不動産の売却などの手続きに関しては、その不動産の所有者に売却の意思があるかどうかを確認する必要性があることから、受任者は不動産の管理はできても売却の手続きを本人抜きにはすることができません。

私的な委任契約ですから、依頼する財産管理と療養看護の内容や期間は、公序良俗の範囲内で自由に決めることができます。とはいえ、必ずしもすべての手続きを代行できるわけではないので、契約が無駄にならないよう注意しましょう。専門家に相談することをおすすめします。

死後事務委任契約って何？

死後事務委任契約とは、自分（委任者）の死後の手続き事務を生前に信頼できる第三者（受任者）に依頼しておく契約です。

一般的には相続人（親族）が死後事務を担います。相続人がいなかったり、高齢で遠方だったり、親族とは疎遠だったりなど、様々な事情があり、相続人以外の人に死後事務を依頼したいという場合には、死後事務委任契約が有効です。

自分の死後に、その遺志を反映させるものとしては、「遺言」があります。

遺言に書く内容は、法律で定められており、相続分の指定などの相続に関する事項や遺言執行者の指定などの身分関係に関する事項などに限られています。

死後事務委任契約では、死後の事務について、幅広い内容を依頼することができます。依頼できる内容は、表10のような事柄になります。

死後事務委任契約が必要となるのは、主に次のような人のケースが考えられます。

・おひとり様で頼れる人がいない人
・高齢の家族には頼めない等、家族や親族に負担をかけたくない人
・親族と疎遠で死後事務を任せるのに抵抗がある人
・家族や親族と絶縁している人

■表10 死後事務委任契約でできることの例

(1) 葬儀などに関する手続き
・遺体の引き取りと葬儀や納骨の代行
・供養の方法についての指定
(2) 行政手続きに関する対応
・運転免許証や健康保険証の返還
・年金の受給資格の抹消
・固定資産税等税金の支払い
(3) 契約やお金に関する手続き
・生前利用したサービス（病院・介護施設）に関する料金の精算
・室内外の遺品整理
・居住する賃貸不動産の契約の解除や明け渡し手続き
・水道光熱費等公共料金の支払いと解約手続き
(4) その他
・関係者への連絡対応
・デジタル遺品に関する整理、SNS等のアカウント削除
・パソコン、携帯電話の個人情報の抹消処理
・残されたペットの環境整備と処遇

・葬儀にこだわりがあり、家族と意見が異なる人
・内縁関係や事実婚の人など

実際、ご相談の中で、死後事務委任契約を必要としている人たちは、お子さんのいないおひとり様、親戚の方とは疎遠になっている人、内縁関係の人が多いです。

必要としている依頼事項で多いのが、葬儀関係と住居の片付け（遺品整理）、デジタル遺品のデータ消去、処分等です。

現在、死後事務委任契約の件で、現役世代のおひとり様のご相談を継続して受けていますが、2人で話し合うたびに、依頼することが増えている状況です（笑）。「人が亡くなると、こんなにもやらなければならない事務作業があるんですね～」といいながらも、前向きに依頼する事柄をまとめていらっしゃいます。

おひとり様はどうすればいいの

死後は……遺言を残せばいいんじゃないですか？
死後事務委任ってなんですか？
葬儀や焼骨、納骨なんかは遺言では効力がないし
実際亡くなった後の片付けなど実務をするのを頼むことよ
たしかに……必要ですね！
家の荷物の処分や賃貸に住んでいたら明け渡しもあるし
プロバイダーやSNSなどの解約手続き
コレクションの処分希望などもお願いすることもできます
死後に起こる様々な手続きを代行してくれるのよ
etc.
他にもお墓はどこに入るとか合祀でいいとか自分の希望に沿って執り行ってくれるのでその分の費用を、契約で渡せるようにしておきます
おひとり様でもちゃんと契約をしておけば自分の思うようにしてもらえるってことですね……
よかった……
ホッ
そうそう自分の人生だもの
いざというときのために備えることは今を安心して生きられるということよ！自分がどう生きたいかにもつながるから、考えておくといいわよ
大丈夫よ!!
少し気持ちが明るくなってきました……
ほっ

おひとり様の身元保証問題

お子さんがいらっしゃらず、ごきょうだいもいない「相続人のいないおひとり様」の相談は、年々増えてきています。

50代の方の心配事は3つ。

「身元保証」「認知症対策」「死後の事務手続き」です。

おひとり様の認知症対策には、任意後見制度の利用が欠かせません。財産管理と身上保護がこれでできますから、自分のライフプランも添えて、財産管理委任契約とセットで契約をすれば、心強いと思います。

自分亡き後の片付けや事務手続きは、死後事務委任契約を結んでおくことで、かなりの希望はかなえられます。

思うような解決策が見えないのは、身元保証問題です。

総務省のアンケート調査によると、病院や施設の9割が、入院・入所の際に、身元保証人を求めています。実際、53歳で入院したおひとり様は、「高齢であっても親が存命だったので、なんとか保証人として認められたけれども、親が亡くなったら……」という心配をされています。

バリバリ仕事はしているものの、なんらかの重大な病気になって、入院しなければならなくなる可能性は誰にでもあります。

世の中に「身元保証会社」はたくさんあります。ですが、「任意後見契約、死後事務委任契約、遺言もセットで、葬儀代や片付け作業も含めて、数百万円を預託する」ような仕組みの会社が多いのです。う〜ん、高いけれども、後始末の分まで含めるとそうなってしまうよなぁとは思いますが、50代の現役世代の身元保証にしては、重すぎます。

先日は、ご相談者と一緒に、身元保証会社に同行して、当面の間だけ身元保証をしてもらうにも、遺体の引き取りや遺品の引き取りなどの取り決めが必要とのことで、身元保証に関する契約だけでなく、死後事務委任契約も一緒に結ぶことにしました。預託金は、信託会社を受託者とした「金銭信託」にして、本人亡き後は、費用を信託財産から払ってもらうような仕組みを作っているところです。

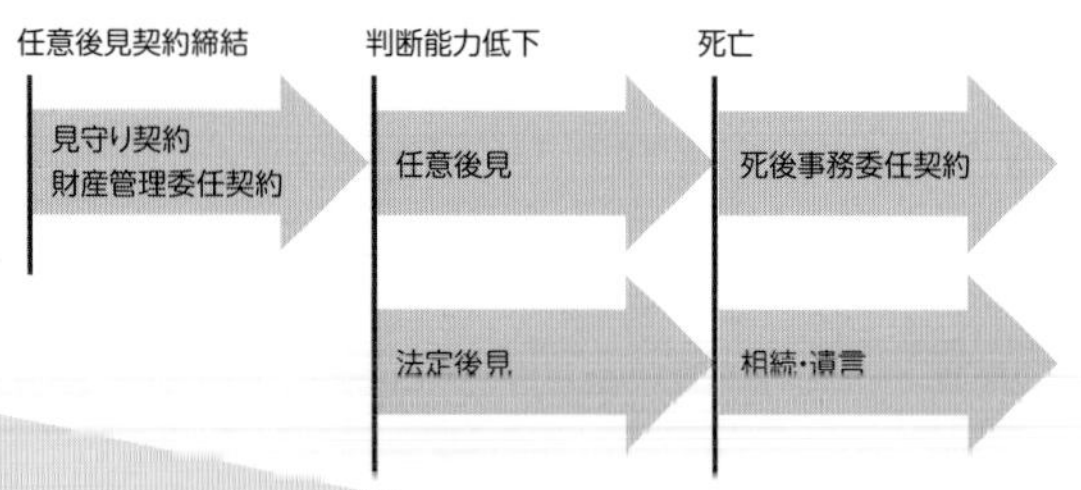

第5章

家族信託を作りましょう

「家族信託」を契約するまでの流れ

家族信託は、親が認知症になっても資産の凍結を防いで、医療や介護のための費用を確保するための財産管理の方法です。

近年やっと注目され始めているのは、ご家庭の状況やニーズに合わせて「自由に契約書の内容を決めて、運用できる」ことにあると思います。

親が認知症になっても家族が願う財産管理を実現するためにも、まずは「家族信託契約書」を作成することから始めましょう。

この項では、主に「親が将来、認知症になっても子どもたちが安心して、財産管理ができる家族信託」を作ることをイメージして、作り方の流れをお伝えしていきます。

家族信託の契約書を作成してから運用するまでの流れをざっと見ていきましょう。

・家族で、家族信託のことを学ぶ

・家族会議を行って、家族信託を作るかどうかを決めるために、専門家に相談する

（家族の願うような家族信託が作れるのかどうか、問題があるとしたらどういう点か等のアドバイスをもらうようにします。そのために、財産一覧を作り、不動産の登記情報もわかるようにして

おくとよいでしょう）

・**契約書の内容について検討する**（①家族信託の目的、②信託財産について、③受託者に何をさせていくのか、④誰が何をするのかの役割分担、⑤信託の期間をいつまでにするのか、⑥最終的に残った財産は誰に引き継がせていくのか）

・**契約書の内容を最終的に決める**（必要な書類を集める）

・**公証役場で公正証書による家族信託契約書を作成する**（※）

・**財産管理の準備をする**（信託不動産の所有権移転登記や信託財産を管理する口座の開設など）

・**受託者による財産管理を開始する**

※信託法上は、必ずしも公証役場で作らなくてはならないというわけではありません。費用がかかりますので「公正証書にしない」という選択もあります。将来トラブルが発生しそうであれば、公正証書での契約が望ましいでしょう。

ざっとこのような流れになります。

この家族信託契約書を作るには、特別な資格はいりません。自分で作ることも可能です。

しかし、親の財産とはいえ、長期間にわたり、自分以外の預貯金や不動産の管理をすることができる権限を持たせる契約書を作るのは、知識や経験がないと難しいと思います。

さらに、契約した後には運用していく中で、法律的なことや税務についての知識も必要になりますので、専門家のアドバイスを受けて、作ることをおすすめします。

家族信託の目的を決めていきましょう

家族信託の契約書を作ろうとしたときに一番先に考えてほしいことは、「この家族信託で何がしたいのか」です。

家族会議では、ぜひこの点をしっかりと話し合って、合意を得ておきましょう。「信託財産をどうするか」「誰に任せるか」「期間をいつまでとするのか」などを決める指針になります。

目的の多くは、認知症対策になろうかと思いますが、同じ認知症対策でも、いくつかのパターンに分けられます。家族信託を利用する際に多い4つのパターンを説明します。

●生前の財産管理対策として

例えば、近い将来、ひとり暮らしの父親の高齢者施設への入所を考えている。施設の入所が長期になったら、自宅の売却も検討。物忘れが多くなり、預貯金の口座が凍結されても、不動産も処分できるようにして、介護などに使うお金に困らないようにしたいので、家族信託を設計する。

●遺産分割対策として

例えば、父親の亡き後に、遺産の分割をする際に、母親がすでに認知症になっている可能性が高い。そうなると、遺産分割協議ができなくなってしまう。遺産分割を進めるには、成年後見制度を利用することになる。それでは、子どもたちが考えている母親の介護を見据えた、遺産分割が思うようにできなくなる可能性がある。それを回避するために家族信託を設計する。

●遺される障害のある子のために

例えば、障害のあるお子さんを持つ高齢の母親がいる。母親が認知症になった後や亡くなった後でも、障害のある子に、生活費などの必要なお金を滞りなく渡せるようにしていきたい。そのための仕組みを家族信託で設計する。

共有不動産のリスク対策にも

●共有財産の引き継ぎのため

例えば、すでに共有となってしまっている不動産がある。所有者の姉妹はすでに高齢で、数年後に認知症になってしまう可能性がある。その場合には不動産の管理などができなくなるリスクがある。

また、どちらかに相続が発生した場合、共有持分がさらに次の世代へと相続され、持分がさらに細分化される可能性もある。

資産の修繕・管理、建て替え、売却など、共有者全員の合意を必要とする事態となれば、状況は複雑化するリスクがあるので、それを回避するために家族信託を設計する。

家族信託の目的で、比較的多い事例をあげましたが、この事例に当てはまらない場合もあります。

家族会議を開いて、まずは、その目的を明確にするところから始めていきましょう。

なんのために家族信託をするか

えっ！
相続じゃなくて
そんなことが
できるんですか

モチロン!

例えば
お姉さんが

親の財産を自分の
名義にして、親のために
使うことができる
ようになるんです

母

父

預ける

介護の
ために
使う

財産

妹

姉

協力

親のお金で
子どもが
親の望む
介護をするのに
非常に便利な
方法なんです

もちろん財産は預かるだけで子が自由に使っていいわけではなく親が元気なうちに使い方を話し合って契約します
契約
親の希望
お金を預かるのは1人ですか？例えば姉と私、2人でできますか？

受託者が2人いるよりもどちらかが親が認知症になったときのために受益者の代理人としてサポートをするとよいと思います
お金を預かるのは大変だけど月に1回は報告会を開いて
そーなんですね！
支出について姉妹で話し合えばよいのではないかしら？

だからこそお金の使い道もしっかり共有して信頼し合うのが大切です
私の相談所では家族信託を導入する前から親、子全員で何度もミーティングを行います
チーム家族信託
親
子
信託監督人
将来起こりうる介護に対して、みんなの意識を同じにしておきたいのです

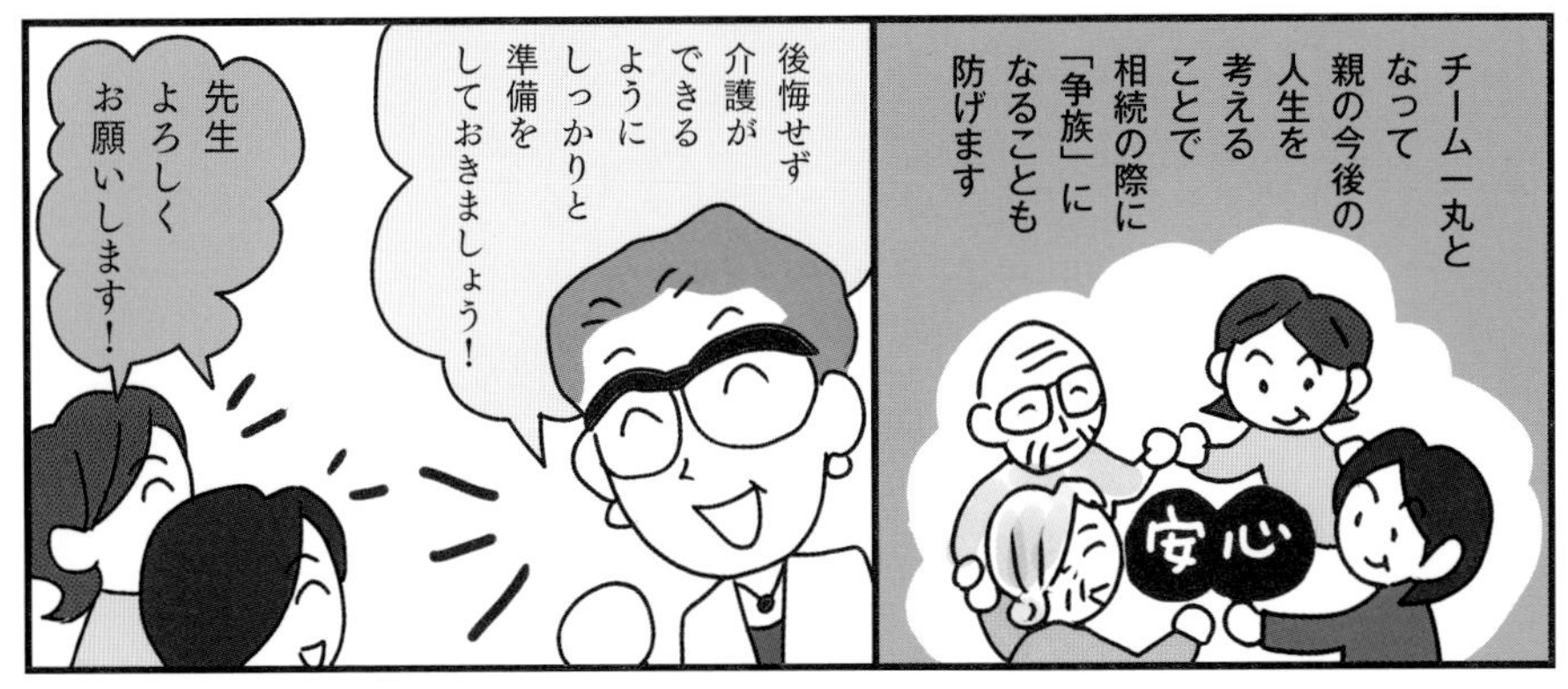
チーム一丸となって親の今後の人生を考えることで相続の際に「争族」になることも防げます
安心
後悔せず介護ができるようにしっかりと準備をしておきましょう！
先生よろしくお願いします！

信託財産を決めていきましょう

次に、信託契約に組み込む財産（信託財産）を決めます。

親の財産をすべて、家族信託の財産にする必要はありません。必要に応じて、財産の一部を信託財産としていきます。

家族信託をすることによって、委託者である親の財産を「信託財産」と「その他の財産」に分けることになります。

財産を管理する受託者は「信託財産に属する財産」の管理または処分等の権限しか持ちません。

その他の財産については、受託者は管理をすることができません。後述するように、信託財産とすることができない財産もありますので、それらの財産について、管理や処分を考えるのであれば、他の対策を講じる必要があります。

生前でしたら、任意後見制度の利用、亡き後については遺言または生命保険などでの対策が考えられます。

家族信託の信託財産とは

信託法上、家族信託の対象とできる財産に特に制限はありません。基本的には、財産的価値があるもの、つまりお金の価値に置き換えることができる財産であれば、家族信託の信託財産とすることができます。

●信託財産とすることができる財産

・不動産（土地・建物、地上権、賃借権等）
・現金
・有価証券（非上場株式、国債等）
・金銭債権（請求権、貸付債権等）
・動産（自動車や貴金属類、ペットなどの動物も可）
・知的財産権（特許権、著作権等）

有価証券類は信託財産に含められるものの、上場株式については証券会社が家族信託に対応しきれていないところもまだ多く、信託財産に含めることができないこともあります。

ただし、未上場の自社株などは、信託財産とすることが可能です。自社株を信託財産とした、事業承継のための家族信託を作ることも可能です。

私がコンサルティングでかかわっている家族信託では、信託財産としているのは「現預金」「自宅不動産」「賃貸用不動産」が、ほとんどです。

不動産ですが、田、畑などの農地は、農地法により、信託財産とすることはできません。田、畑を信託財産としたい場合には、農業委員会の許可を得て、農地以外に地目変更をする必要があります。

この他、信託財産とすることができないもしくは難しい財産としては、年金受給権のような一身専属権や借金（債務）、保証債務など「お金の価値に置き換えられないもの」になります。

委託者、受託者、受益者の役割

家族信託の当事者は、委託者、受託者と受益者です。この3人が家族信託のメインになります。

委託者は信託財産の事実上の所有者であり、信託契約によって管理処分権を受託者に託します。

受託者は財産の運用や処分を託されるため、大きな権限を与えられる重要な役割を担います。

受益者は信託財産から生じる利益を取得する人のことで、信託の目的によって委託者と同じ人になる場合もあれば、まったく違う第三者になる場合もあります。

受託者は大きな権限を与えられる代わりに、責任や義務が伴います。とはいえ、法律上、受託者になるための資格はありません。基本的には誰でもなれます。

ただし、受託者になれない人は法律上決められています。「未成年者」と「仕事として受託する人」です。仕事（業務）として就任するには、内閣総理大臣の免許が必要になります。

受託者は必ずしも家族や親族でなくてもよく、信頼している知人などに依頼することもできます。受託者には法人もなれます。法人の種類（株式会社、合同会社、財団法人、社団法人など）は問いません。

その他の役目としては、受益者代理人や信託監

■図6 家族信託の役割分担の例

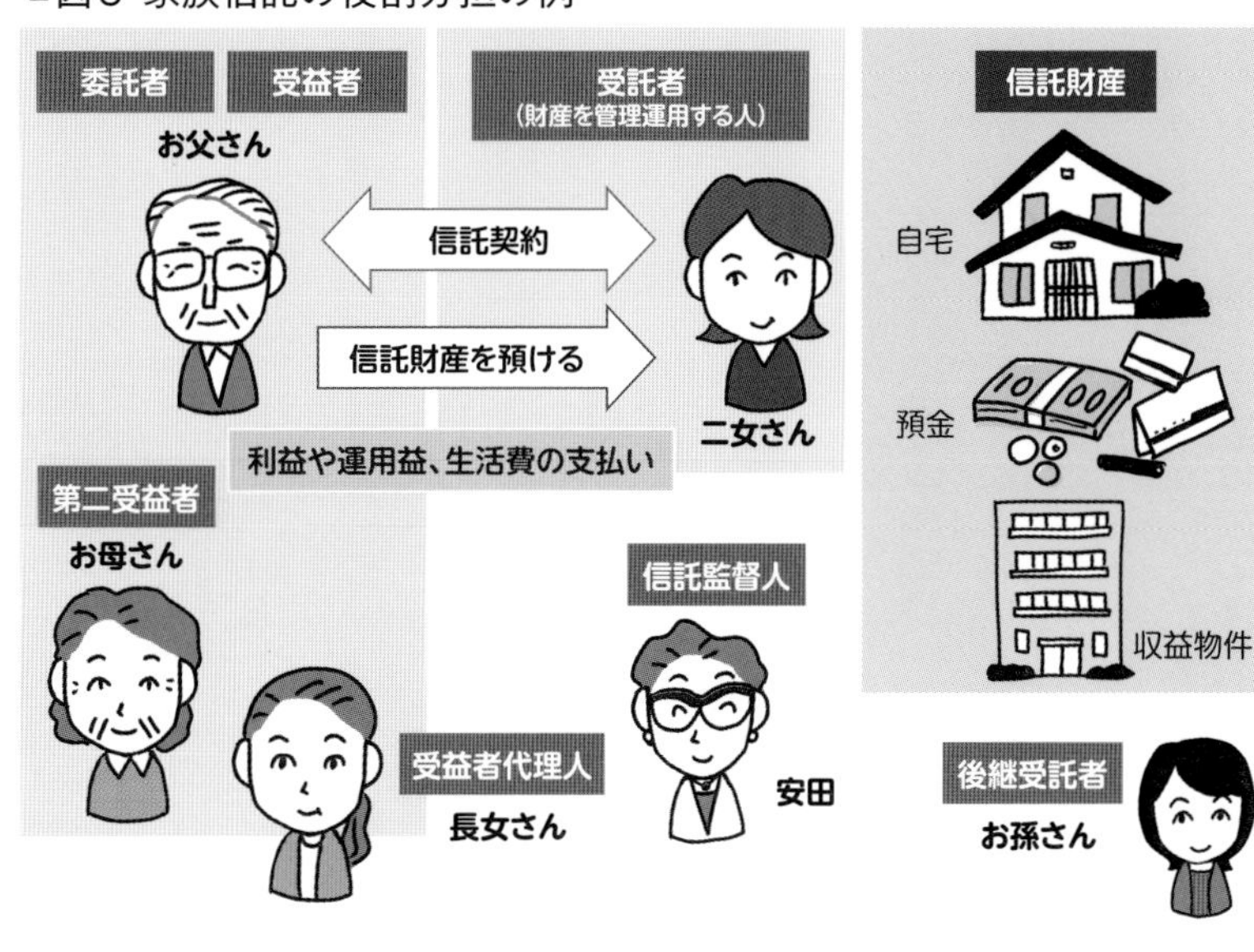

督人があります。

受益者は、信託契約の内容の変更や受託者の辞任、解任などの判断をするという役割も持っています。判断能力が低下したときに、受益者代理人が受益者に代わって同意したり、合意したりできるように、あらかじめ選任しておいたほうがよいでしょう。

信託監督人は、受託者の財産管理方法は適切かきちんと契約内容を遵守しているのかを監視・監督する役割になります。受託者が受益者の不利益になることをしている場合には、注意して是正を促します。それでも改善されないようであれば、受益者または受益者代理人と相談のうえ、受託者を解任できる権限を与えておくこともできます。

上の図6は、私が信託監督人として就任している実際の家族信託の役割分担事例です。

受託者の仕事と権限

家族信託を作るにあたって目的を決めました。次にその目的を達成するために、家族信託の信託財産を使って何をしたいのか、具体的にその内容を決めていきます。

実際に信託財産を管理・運用し、受益者への財産の分配をするのは、受託者です。そのため受託者は、目的を達成するための一切の行為をする権限を持っています。

例えば、高齢者の認知症対策として家族信託を作った場合の受託者の仕事を見ていきましょう。

●財産の日常管理

信託財産を活用し、認知症になった場合でも財産が目的のために使えるよう、安全に管理します。

●医療・介護費用の管理

医療や介護に必要な費用を適切に管理し、必要なときに確実に支払いを行います。

●相続後の資産承継

受益者が亡くなった後、信託終了に伴う清算を行い、信託契約で定めた者（帰属権利者）に残った財産を引き継ぎます。

では、実際には、信託財産をどのように管理・運用していくのかを見ていきましょう。

受託者は、不動産の賃貸借契約や売買契約の締結や預貯金の信託管理口座からの入出金については、原則として受託者の判断で行うことができます。

目的達成のために、自宅の管理修繕や売却処分が必要になるかもしれません。賃貸用不動産であれば、賃貸の管理、修繕、建て替え、売買、測量・分筆などが必要になる可能性があります。こうしたことを必要に応じて、判断して、手続きを行っていきます。

大きな権限がありますので、受託者が単独で行動する「暴走」（笑）リスクも現実にあります。

受益者や家族が安心して信託を任せられるようにするために、受託者の運用に一定の制限を設けておきましょう。

例えば、「自宅の裏の土地は先祖代々の土地なので、どのような状況になっても売却しない」など、土地に関する取引に制限を加えることもできますし、「建て替えの際には、受益者または信託監督人の同意を必要とする」との条項を設けることもできます。このような制限を設けることで、リスクを軽減することができます。

また、受託者が予期せぬ事情で管理・運用を続けられなくなる可能性も常にあります。そうなると、信託財産の管理が一時的に停滞してしまいます。そのリスクを避けるために、信託の契約書を作る際には、後継受託者を指定しておくことをおすすめします。後継受託者とは、受託者の後任候補のことです。後継受託者を当初から決めておけば、万一の際には、すぐに信託財産の引き継ぎが可能になります。

残った財産の行く先を決める

家族信託が終了するときに、残った信託財産はどのようになるのでしょうか？

委託者は、信託契約が終了した場合や信託が合意のうえで解除された場合、その時点で残っている信託財産（これを「残余財産」といいます）の帰属者（財産を受け継ぐ人）をあらかじめ指定することができます。これを「帰属権利者」といいます。

ここでは、委託者であり受益者だった人が亡くなって、信託が終了したケースで話を進めていきます。

家族信託の契約が終了すると清算をします。清算を行うのは「清算受託者」ですが、実務上は、信託終了時点の受託者がそのまま清算受託者となるケースが多いです。

清算受託者は、信託財産に関係する債務をすべて返済した後に、残余財産を契約上に定められている帰属権利者へ引き渡します。

家族信託を組成する際には、当初から帰属権利者を定めて契約書を作成することが多いです。例えば、委託者・受益者が死亡して信託が終了した場合、「本件信託の残余の信託財産については、現金は長男に、不動産は長女に帰属させる」等です。

家族信託では、このような遺言的な効果を得ることができます。

信託契約に帰属権利者が指定されている残余財産については、遺産分割を行う必要はありません。

次に税金の話をします。

委託者の死亡に伴い信託が終了する信託の清算では、通常の相続手続きの場合と同様に、信託終了時の信託財産の相続税評価をします。

さらに信託財産以外の委託者個人の財産についても財産評価し、信託財産を含めたすべての相続財産について相続税を計算し納付することになります。

ちなみに、委託者が亡くなっても信託が続く形の契約をすることも可能です。

認知症の母親がいる場合、委託者である父親が亡くなったときの遺産分割を避けるために、父亡き後も母が存命中は、家族信託を続けるという契約にすることがあります。

例えば、受益者の項では「当初受益者を委託者◎◎（父親）及び委託者の配偶者である〇〇（母親）とする。（略）委託者◎◎が死亡した場合、受益者の権利も消滅し、〇〇が新たな受益権を取得する」とし、信託期間の項で終了時を「受益者◎◎及び受益者〇〇がいずれも死亡したとき」とすることができます。

このような契約の場合、委託者＝受益者が死亡したときには、信託財産をもうひとりの受益者が引き継ぐので、信託が終了していなくても、母親が信託財産をすべて相続したとして相続税の申告をします。

残余財産の権利帰属者を決める際には、税金のことも念頭に入れておくとよいでしょう。

COLUMN 2

家族信託を作る際の費用について

家族信託について専門家にコンサルティングを依頼して、組成して、契約書を公正証書にする場合、いったいいくらかかるのでしょうか？

かかる費用は、家族信託の信託財産の内容や仕組みによってもまったく違います。また、各専門家や金融機関の費用もそれぞれ差があるので、「相場」というものは、ないと思ったほうがよいと思います。

とはいえ、手掛かりはほしいですよね。以下の金額は、おおよその目安としてお考えください。

1．家族信託の内容や構成、手続きに関するコンサルティング費用

・信託財産の1～1.5%としているところが多いようです。

2．家族信託契約書の文案作成費用

・コンサルティング料金に含まれていることが多いですが、別途費用としてかかる場合があります。

3．家族信託契約書を公正証書にする費用

・公正証書を作成する際の手数料は、信託財産の額に応じて、金額が定めてあります。

　例えば、信託財産の額が 3,000 万円～ 5,000 万円の場合では 2万 9,000 円。

＊その他、不動産を信託登記する際には、登録免許税がかかります。

登録免許税は、信託財産となる不動産の固定資産税評価額をもとに計算されます。土地は 0.3%、建物は 0.4%となります。また、登記手続きの代行費用と、信託目録の作成費用として、司法書士の報酬も別途発生します。

家族信託を安くするのであれば、専門家に依頼せずに、自分たちで取り組めば、費用はかなり削減できるとは思いますが、おすすめしません。

デメリットが大きいからです。勝手に決めた内容では、家族信託自体が「無効」になる恐れがありますし、贈与税や相続税が多額になる可能性もあります。トラブルを解消する費用を考えたら、専門家に相談をしたほうが結局は安く上がるようなケースも多く見られます。

第6章

家族信託でもめない「相続」が実現する

家族信託で思うような介護ができたケース

「家族信託を作って本当によかった。母も安心して、施設に入りました」。こう語るのは、坂東家（仮名）の長女の陽子さん（仮名・58歳）。実際に組成した家族信託の仕組みが、左の図7です。

二女の貴子さん（仮名・56歳）は、帰省したときに、ひとり暮らしの母親（82歳）の物忘れが増えたことに危機感を覚え、私の家族信託のセミナーを受講。

早めに対策をしたほうがよいと思った貴子さんは、すぐに、母親の近くで暮らす姉の陽子さん、他県で暮らす弟の浩之さん（仮名・50歳）とLINEで3人のグループを作り、お母さんの認知症対策を呼びかけました。

陽子さんの反応は、いまいちでしたが、浩之さんからは「認知症になると、預金がおろせなくなるんだろう。そうなったら、介護の費用は、俺たちで出さなくちゃならないけど、うちには、そんな余裕はないぞ」との反応が。

後日、貴子さんの依頼を受けて、坂東家の家族会議に参加しました。「資産凍結」の話、「成年後見制度」の話、そして「認知症の対策としての家族信託」の話をしました。結果、ご家族で家族信託を組成することを決めました。

お母様とも面談して、判断能力があることを確認。勉強会のような家族会議を何度か繰り返して、

■図7 坂東家の家族信託の仕組み図

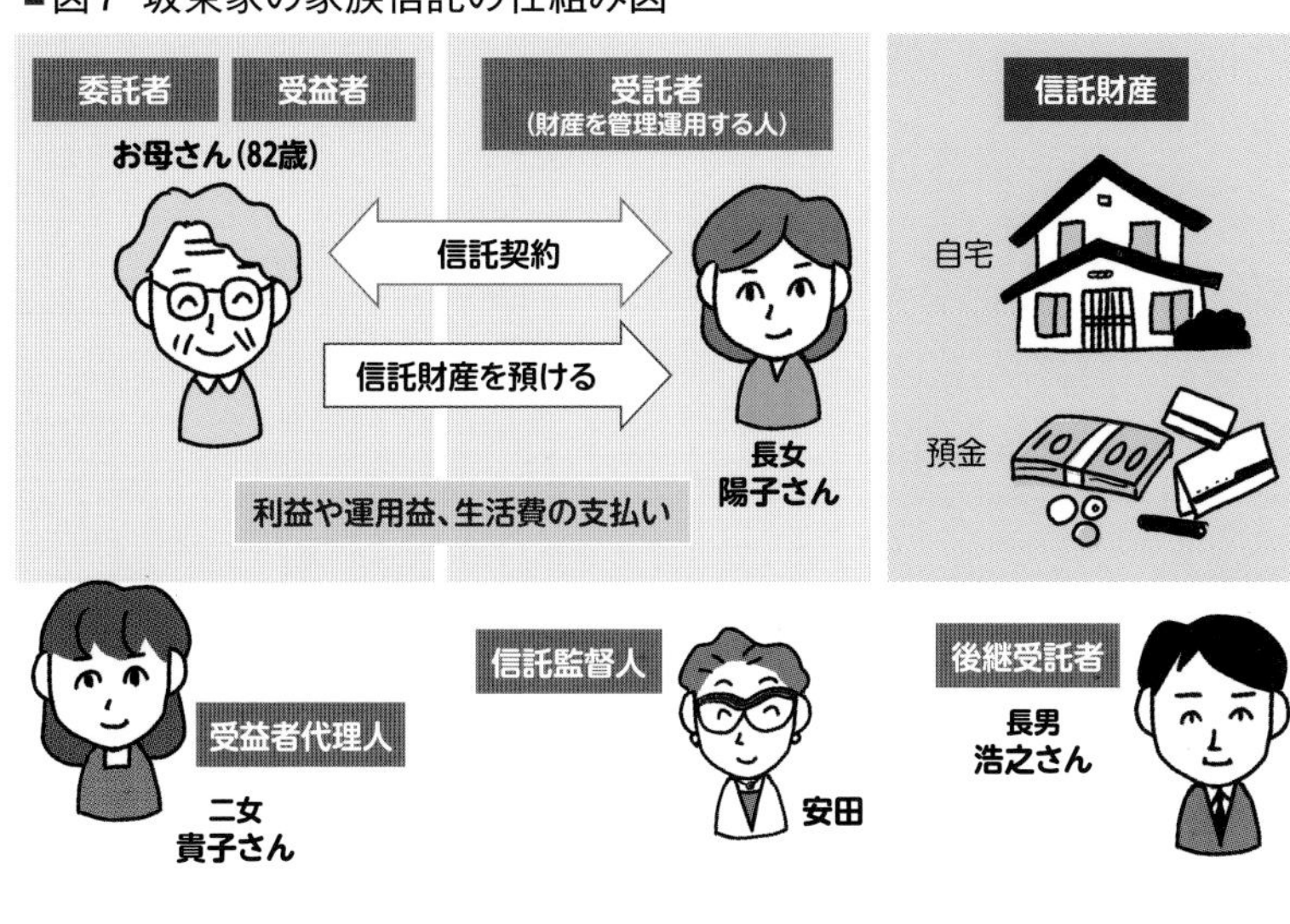

運用の形が決まっていきました。

近くに住む陽子さんが受託者、貴子さんが受益者代理人、浩之さんが後継受託者に。

信託財産は預貯金の8割と自宅不動産。母親が施設に入って、預貯金が底をついたら、自宅を売ることもみんなで決めました。もちろん、お母様にはその旨を隠さず伝えて、理解してもらいました。

お母様本人も「最近物忘れが多くなって、不安だったの。あんたたちに迷惑かけちゃいけないと思って、ずっと黙っていたのよ。これでいつボケても大丈夫ね」と笑って本音を語ってくれました。

あれから2年たった現在、お母様は認知症と診断されて、施設に入っています。子どもたちに迷惑はかけられないと、早めに自ら判断して、陽子さんと一緒に施設を選んで入所を決めました。

家族信託にしていてよかった！

では定期ミーティングを始めましょう
私が信託監督人を務めている場合
今日はお父様は参加されないんですか？
定期的に家族で話し合う場を設けています

実は父にガンが見つかって先週入院することになったんです
ガンそのものもショックだったんですが少し認知症も始まっているみたいで……
でも家族信託のおかげで父の希望とかも聞いていますし落ち着いて対処できています

今回の入院費用はお父様のほうで賄(まかな)えそうですか？
はい、まだ自分で手続きできそうです
お金はどうするのかというような、当事者同士で話題にしにくいことも
モヤモヤ

第三者が問題の整理をすることでうまく運営していくことができます
フー！
モヤモヤをなくして情報をオープンにすれば後からもめごとも起こりません
きょうだい
夫婦

1年後……
父の手術の予後があまりよくなくて……認知症も進んでしまったんです
そうですか…
今日もこれから父の誕生日なのでみんなで病院に行ってきます！
でも家族信託のおかげで母の生活も守れて助かってます

契約時の話し合いも大事ですがその後も定期的にミーティングを行って現状を報告すると考えも整理できます
それはいいですね！お誕生日おめでとうございます
信託監督人がハブのようにみんなをつなげる役割をするのです

様々なアドバイスをすることもできます
施設を探すならこちらはどうですか
連絡してみます！
家族信託にすることで金銭面でも精神面でもみんなが安心して介護に取り組めるよう契約時から専門家を絡めていくことがおすすめです

家族だけでは感情も出やすくなかなか円滑には進められません
ちゃんとやってよ！
そっちこそ！
家族信託はみんなが同じ方向を向くのが大事
家族の幸せを作っていくものなのです

家族信託で親とお金の話をすることができるようになる

家族信託を組成する際に欠かせないのが、家族会議です。

物忘れが多くなってきた親の資産凍結を避けるために対策をしようと、子どもたちのほうから呼びかけて、家族会議が開かれることが多いです。

親は、介護費用などについては、子どもに迷惑をかけたくないと思っています。子どもは子どもで、介護費用は親のお金で賄いたいと思っています。両者、思うところは同じですが、お互い本音がいい出せません。

以前、「親が子どもを信用して、お金のことを開示してくれるようになるには、コミュニケーションをきちんと取り始めてから、3年はかかる」という趣旨の本を出版しましたが、今もそれは変わりません。私の肌感覚で恐縮ですが、多くの相談を受けていて思うのは、やはりそれなりに時間はかかる、ということです。

親がお金の話をしたがらない理由は3つ。

①「これしかお金がないの?」といわれたくない。プライドが傷つく。

②「こんなに持っていたの?」と思われて、ねだられるのは辛い。

③「そんなことにお金を使えていいわね」とお金の使い方に口を出されるのは嫌。

と、いうことなのです。

家族会議を何度か繰り返していく中で、認知症対策が、資産凍結を回避するためだけではなく、親の身を案じての住環境の整備や通院のサポートについても話し合われるようになると親も悪い気はしません。

これだけ心配されているのだから、みんなに迷惑をかけないよう、財産管理をしてもらおう。と、親がその気になってくれれば、お金についての話が徐々にできるようになります。

親を守るチーム

私が信託監督人として、就任しているご家庭の場合は、初年度は毎月のように、ご家族全員と家族信託の運用についてミーティングをしています。

ミーティングでは、「まず考えるべきは、親が安心して暮らせること。そのために親のお金を使っていこう」と、ずっと繰り返しいい続けています。ですから、会議の冒頭部分は、親御さんの状況から報告してもらいます。必要であれば、介護福祉用具について検討することもありますし、今後の介護の方向性などを親も含めて、みんなで意見を出し合うこともあります。

次に信託財産の現状と残高について報告をしてもらい、今後の使い方についても共有します。

このように親の健康に留意しながら財産を守っていくチームができていきますので、徐々に、親御さんが信託財産以外の財産についても具体的に話してくれるようになります。

今まで聞きにくいから後回しにしていた親の介護の希望や、終末期の医療の話もできるようになります。

家族信託で相続がスムーズになる

■図8　家族信託の事例

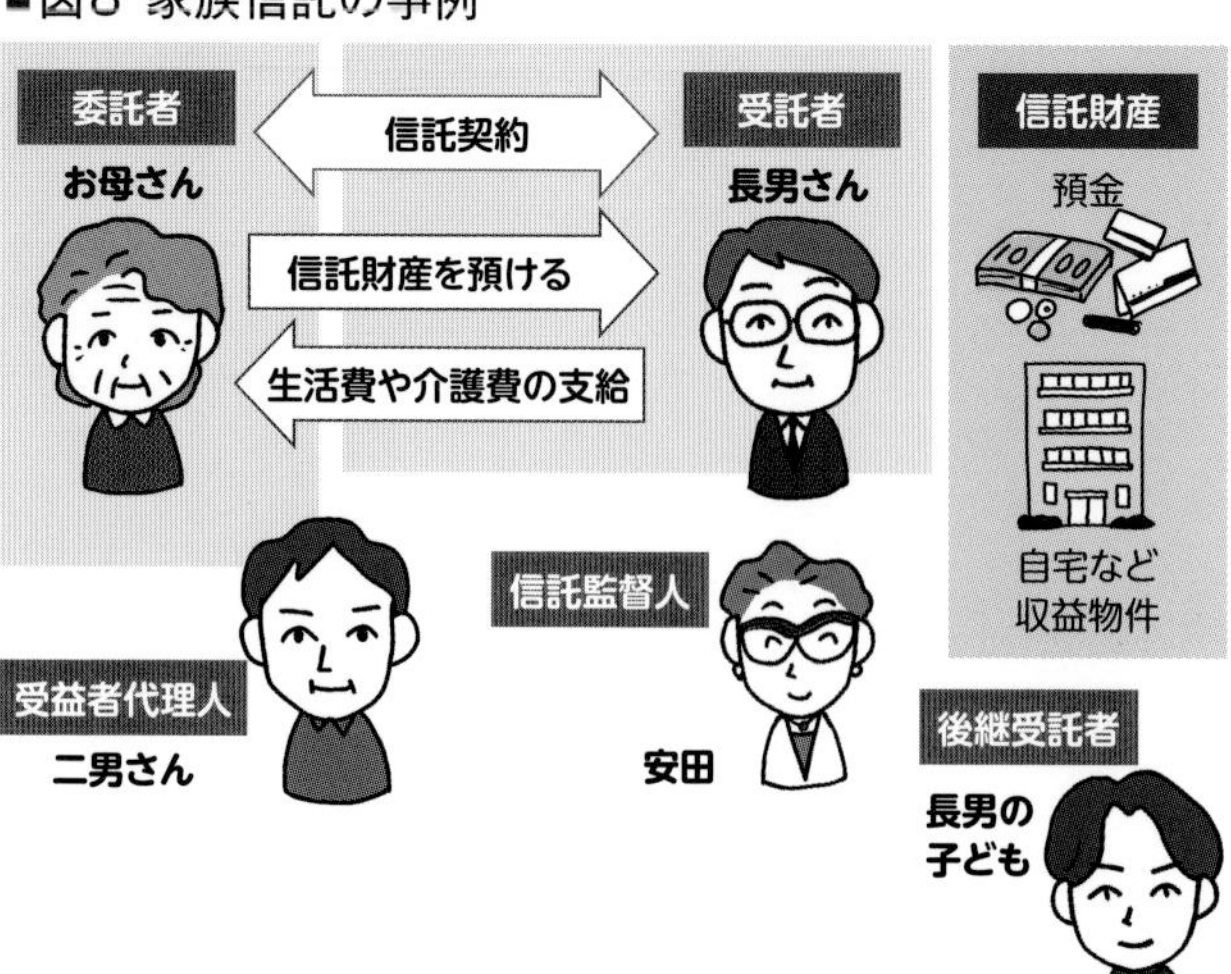

なぜ、家族信託を作ると、相続がスムーズになるのでしょうか?

家族信託を作っただけでは、それは実現しません。少し工夫が必要になります。

家族信託では、信託財産に関する大きな権限が受託者に集中しているために、受益者代理人や信託監督人などでのチェック機能が働かないと、受託者の「暴走」が始まります。

本来の目的である「医療や介護のために、信託財産を使うこと」よりも、相続で自分が取得する予定の賃貸用不動産のリフォームにお金を使ってしまったという「暴走」が起きたご家族と出会ったことがありました。相続が起きて事態が明らかになり、大変な「争族」となったようです。

残念ですが、チェックが甘いと、そうなってしまうことはあるのです。

「争族」にならないようにする

右の図8は、組成にかかわって監督人に就任した家族信託の仕組みの図です。

こちらのごきょうだいは、仲がよい悪い以前に、お互いのコミュニケーションがまったく取れていませんでした。組成の過程でも会話がなく、お互いを信用していない感じでした。

ミーティングでは、毎回、親御さんの状況をお聞きして、介護のアドバイスもしていますが、受託者に信託財産について報告をしてもらう際に、信託財産の口座の通帳を全員に共有して、お金の使い方をチェックするようにしました。

ごきょうだいが、お互いを信用していないので、特にお金のことについては、オープンにすることで、お互いの疑心暗鬼がなくなるようにとの思いでこのようにしました。

ミーティングを繰り返していくうちに、徐々に、きょうだいのコミュニケーションが取れるようになり、関係性は少しよくなってきました。そうなると、親御さんから自身の他の財産を明らかにしてもらえるようになり、さらには、ミーティングの中で、相続に対する「親の本音」も語ってもらえるようになってきました。

受託者任せにせず、常に情報を家族で共有して、親の今後について、話し合うことができれば、そのご家庭は、「争族」にはなりません。

家族信託で相続もスムーズに

俺に何かあったら母さんのことは不自由ないように頼む

元気だったころのお父様の希望で、お父様の死後も信託を継続してお母様の面倒をみることに

受託者（姉）名義の親の自宅を売却し

介護施設に入所することができました

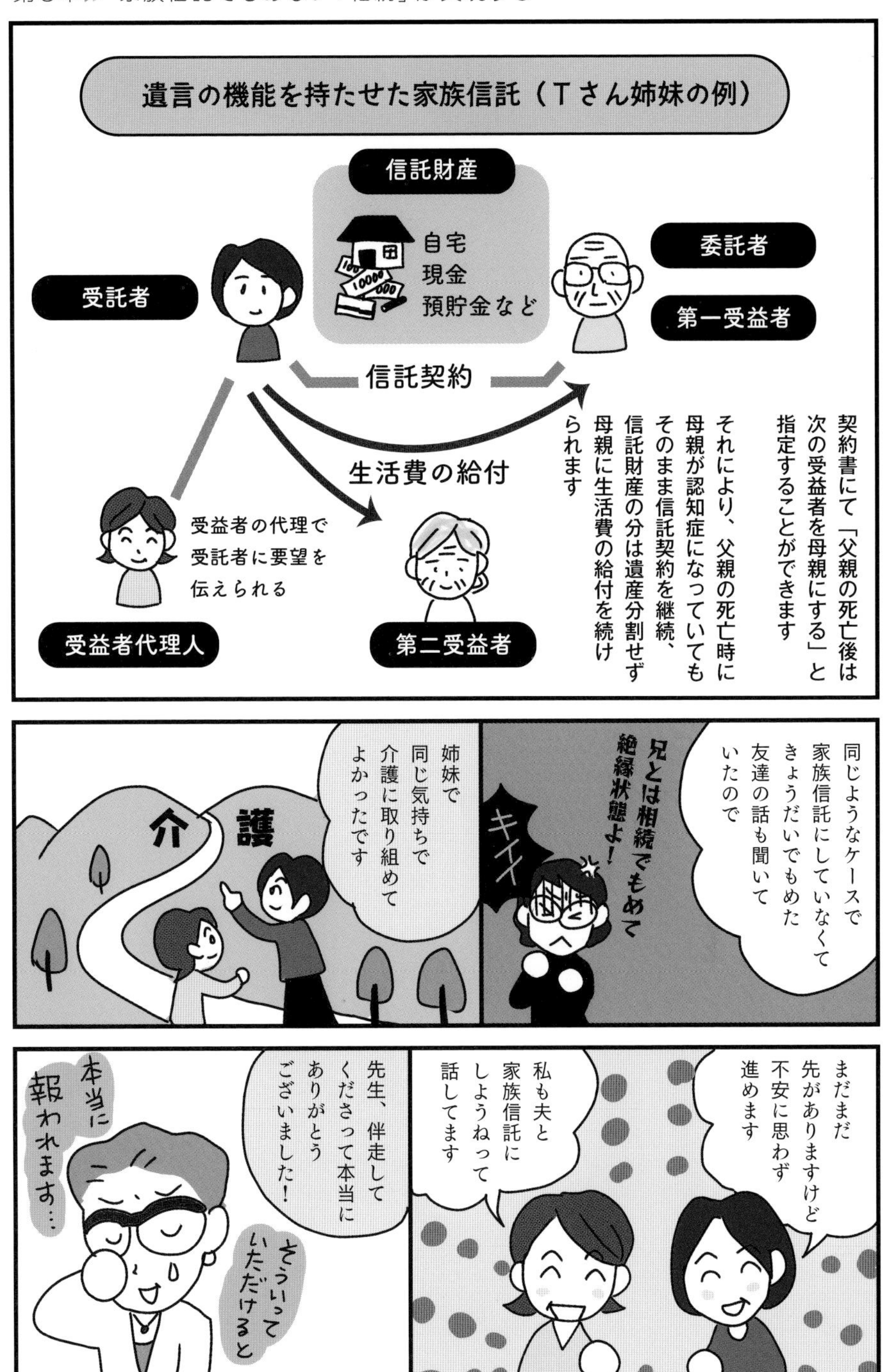
遺言の機能を持たせた家族信託（Tさん姉妹の例）
信託財産
自宅
現金
預貯金など
委託者
第一受益者
受託者
信託契約
生活費の給付
受益者の代理で
受託者に要望を
伝えられる
受益者代理人
第二受益者
契約書にて「父親の死亡後は次の受益者を母親にする」と指定することができます
それにより、父親の死亡時に母親が認知症になっていてもそのまま信託契約を継続、信託財産の分は遺産分割せず母親に生活費の給付を続けられます
同じようなケースで家族信託にしていなくてきょうだいでもめた友達の話も聞いていたので
兄とは相続でもめて絶縁状態よ！
キイィ
姉妹で同じ気持ちで介護に取り組めてよかったです
介
護
まだまだ先がありますけど不安に思わず進めます
私も夫と家族信託にしようねって話してます
先生、伴走してくださって本当にありがとうございました！
本当に報われます…
そういっていただけると

エンディングノートを
ヒアリングシートに

エンディングノートをご存じでしょうか？

人生の終末期に迎える「死」に備えて、自分の終末期の希望を「家族が迷わない」ために書き留めておくノートのことです。

亡くなったときのことだけでなく、認知症になったときに、自分が望んでいる介護についても周りに伝えるための伝言板の役割をします。

子どもたちは気軽に、親に向かって「これ書いておいてね」と渡したりしますが、高齢になればなるほど、エンディングノートを書くのを嫌がります。認知症でなくても、少しずつ判断能力が衰えてきたりしているので、おっくうにもなりますし、わかっていても書けなくなることも多いのです。

私はご相談者に、親の状況を聞き出すための家族会議の際に、子どもが、エンディングノートを親の考えをまとめたり記録したりする「ヒアリングシート」として活用することをおすすめしています。

親に無理やり書かせるのではなく、「ノートは親子で一緒に作る」感覚が大事だと思います。

さらにおすすめなのが、子ども自身が、自分のエンディングノートを書いてみることです。

遺される伴侶や子どもに何をどう伝えていけばよいだろうかと、当事者としてノートに向き合ってみると、親が書きあぐねてしまう事柄が、実感としてつかめるかもしれません。だからこそ、親が書けない部分で、自分たち子どもにとって、知っておきたいことは、上手に聞き出す必要があるのです。

「自分で、書いてみたけれど、お母さんたちの気持ちも聞いてみたいと思ったのよ。考えを聞かせてくれる？」という切り出し方で、ノートを広げてみるのもよいかもしれません。

ぜひ、試してみてください。

第7章

親が元気なうちにやっておくべき7つのこと

親が元気なうちにやっておくべき7つのこと

もめない相続を実現するには、準備が大事！　介護への備えも認知症対策も、準備次第で大きく変わります。

親御さんが元気なうちは、介護に対する子どもたちの危機感は「薄い」です。でも、**親が元気だからこそ、今、やっておかなくてはならないことは結構ある**のです。

ここでは7つに絞ってお伝えします。

親が元気なうちにやっておくべきこと7つ

1．親の現状（健康や生活スタイルなど）を把握する
2．親とのコミュニケーションを図る
3．親の「かかりつけ医」やお隣近所に、挨拶をしておく
4．親に介護が必要になったとき、誰がどのようにサポートするのかを、親の希望を聞いて、家族で話し合う
5．終末期の医療に対して、どのようなことを望むのかを聞く
6．親と「これからのお金について」の話をする
7．認知症になったときの、親の財産の守り方を学んで、準備しておく

ひとつひとつ説明していきます。

1．親の現状（健康や生活スタイルなど）を把握

する

親の現在の健康状態を把握しておくことはとても重要です。

親のかかりつけのクリニックや病院、現在治療中の病気や既往症、処方されている薬やサプリメントなどの情報を集めておきましょう。

住環境チェックは、ぜひ。高齢者の転倒事故の多くは、住み慣れた自宅で発生しています。居間や寝室、玄関、階段、浴室等は要注意です。

転倒は骨折や大けがになりやすく、それが原因で入院からの介護に、という流れは多いです。

つまずく、滑る、ぶつかる場所などがないかを点検していきます。玄関や段差がある場所では、バランスを崩したりすることが多いです。よろけたときにつかまることのできる手すりの設置なども検討してみましょう。

トイレや浴槽の手すりは、自治体の高齢者サービスで付けることができますが、その他の場所には、リフォーム工事などしなくても、福祉用具の置き型の手すりでもよいと思います。

2. 親とのコミュニケーションを図る

これは基本中の基本です。別の項でしっかりお伝えしますので、そちらをお読みください。

かかりつけ医に挨拶を

3. 親の「かかりつけ医」やお隣近所に、挨拶をしておく

親がお世話になっている、かかりつけのクリニックに、一度挨拶に行ってはいかがですか？

親御さんのカルテには、あなたの連絡先は書いてありません。認知症や重篤な病気を早い段階で知るために、親のかかりつけのクリニックの医師に、いつも世話になっていることのお礼をいいつつ何かあれば自分にも伝えてくれるよう、連絡先を渡しておくことをおすすめします。医師も安心すると思います。

また、ご近所にも、自分の連絡先を知らせておきましょう。

いつもと違う親の言動があったり、自宅に怪しげな業者らしい人が何人も訪問するようなことを見かけたりしたら、自分に連絡をしてもらうようお願いしましょう。

ご近所の情報から、認知症の予兆もわかりますし、悪質業者や特殊詐欺の標的になってはいないかもチェックできます。

4. 親に介護が必要になったとき、誰がどのようにサポートするのかを、親の希望を聞いて、家族で話し合う

家族会議のことは、家族信託でもその重要性をお伝えしましたので、そちらをお読みください。

家族で伝え合う延命治療

5. 終末期の医療に対して、どのようなことを望むのかを聞く

あなたは、終末期に延命治療をしてほしいでしょうか？　どうでしょうか？

親御さんの終末期の医療についての希望を聞いたことがありますか？

終末期というのは、治らない病気などで死が近くなったときのことです。

延命治療とは、病気が治る見込みがないにもかかわらず、延命するために行う手段や医療的な措置のことです。「心肺蘇生」「胃ろう」「高カロリー輸液」などがあります。

終末期の延命治療については、親の希望を尊重したいですね。

親の意向を聞かずに見送ると、どちらを選択しても「私たちが決めてしまって、あれでよかったのかしら」とずっと後まで、後悔することになります。

理想的には、親だけが考えるのではなく、延命治療について家族で勉強して、それぞれ「自分だったらこうしたい」という考えを「今の考え」として伝え合っていく機会が持てたらいいなぁと思います。

6．親と「これからのお金について」の話をする

これも大事なことなので、別の項で説明します。詳しくは、そちらをお読みください。

7．認知症になったときの、親の財産の守り方を学んで、準備しておく

本書では、認知症になったときでも親の財産を凍結から守れる方法として、「家族信託」や「任意後見制度」について多くのページを割いて、説明してきました。家族でこの情報を共有してください。

今から、準備を始めましょう。何度もいいますが、親が元気でないと、契約を交わすことはできませんから。

親が元気なうちにやっておくべきことはいくつもありますが、せめて、この7つについては、ぜひ、実行してくださいね。

親が認知症になる前にやろう！

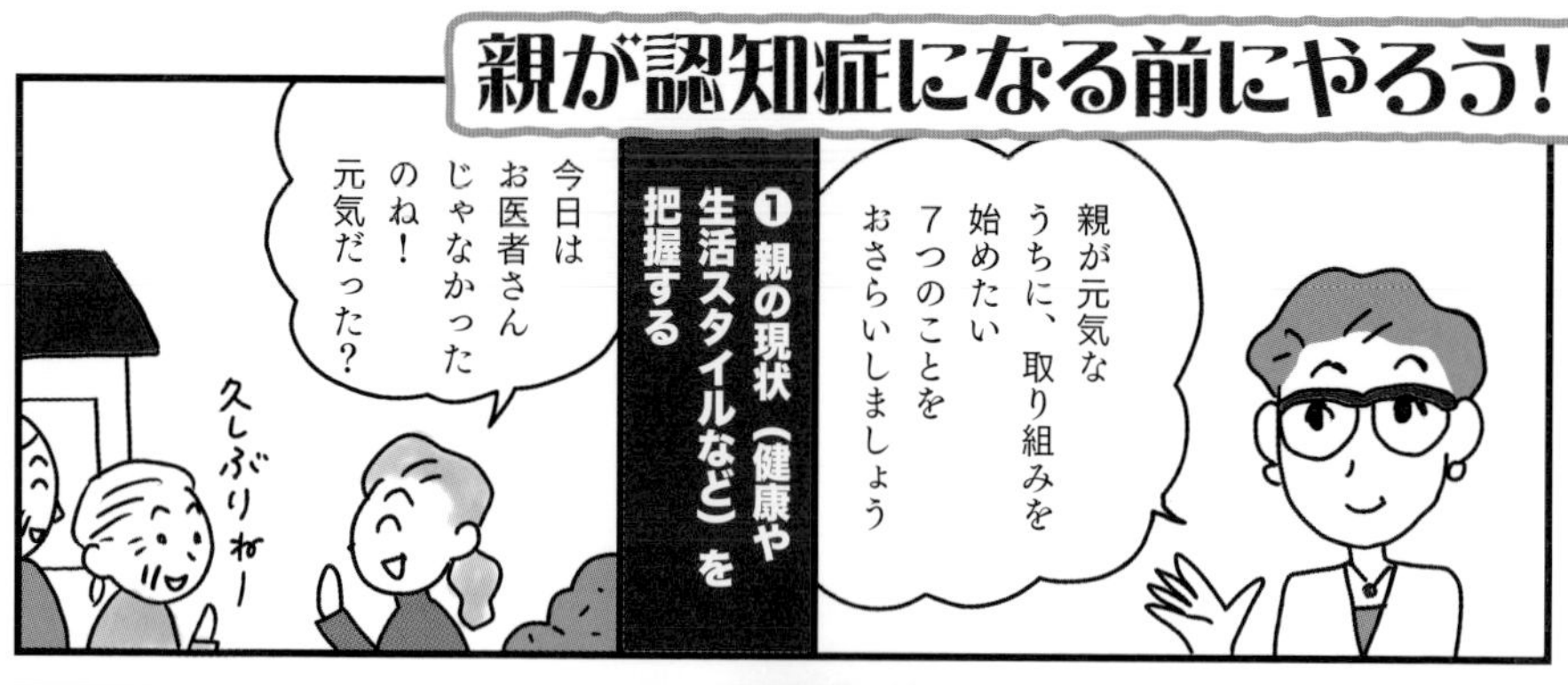

一度に決めなくてもいいので冷静に共通認識が持てるようにしましょう

まずは話題にするだけでもオーケーです

❺ 終末期の医療に対して、どのようなことを望むのかを聞く

意識がなければ延命措置しなくていいぞ

私も…

ボケてきたらこの家を売って施設に入れてくれ

じゃあ家族信託にしておく?

❻ 親と「これからのお金」の話をする

親のお金の使い方には口を出さず

俺が先に死んだら母さんがこの家に住み続けられるようにしてほしい

OK!

希望を聞いておきましょう

❼ 認知症になったときの、親の財産の守り方を学んで、準備しておく

何も準備をしていなくてある日突然

えぇっ口座凍結!?

ということがないように

親の希望に沿ってお金を使えるように準備をしておきましょう

家族信託

任意後見

豊かで安心できる老後生活を送ってもらうために家族の介護へのリテラシーを高めておくのが大事です

認知症や要介護になったらという準備ではあるんですが親の生活に気を配ることで

介護の始まりを少しでも遅くする取り組みだと思ってくださいね!

がんばります!!

親とのコミュニケーションを図る

親の信頼を得ないことには、介護や相続に関する親の本音も、お金についても話を聞くことができません。

まずは、**コミュニケーションを取ることから始めましょう。**

言葉にしなければわからないことはいっぱいあります。家族だから、いわなくてもわかり合える、というのは、そうあるものではありません。

言葉だけではなくて、親の行動にもそれなりの理由があるものです。**その言葉や行動の裏側にある気持ちも、きちんと聞いていきましょう。**

例えば、実家に帰ったときに、定期購入のサプリが積まれていたらどうしますか？

「何やっているのよ、こんなのお金の無駄じゃない！」と、理由も聞かずにいったりしていませんか？

親は、「子どもに介護の面倒をかけないように、健康でいよう」と思っています。なので、体によいと聞けば、サプリも買います。それは、将来子どもに介護をさせないための気持ちからだと、知っていましたか？

子どもたちがやってはいけないのは、「親のお金の使い方について、口を出す」ことです。

「こんなのお金の無駄じゃない！」ではなく、「このサプリ、何に効くの？ どこか気になるところがあるの？ 膝が痛いの？ どういうときに痛くなるの？」と、お金の使い方の話よりも、親の健康に焦点を当てて会話していきましょう。

さらに、「将来、歩けなくなると困るから、整形クリニックに行く？ 心配だから私もついていくわ。月末なら、一緒に行けるけど、お母さんはどう？」

というような会話ができれば「満点」です。

健康を話題に、とはいえ「運動しなくちゃだめじゃない！」と、一方的な物言いでは「心のシャッター」が下りてしまいますので、穏やかに。

「糖尿病には、体を動かすといいというから、食後の運動を勧めたのよ。お父さんには長生きしてほしいからね。でも、お父さんが嫌だというなら、この話はやめておくね。ストレスになってもいけないからさ」というように、親が子どもの提案を受け入れないこともあります。気にせず、さらっと。でも、ことあるごとに「長生きしてほしい」というようなことを繰り返し伝えるのはよいと思います。

親が元気でいてくれていることに感謝して、それを言葉で伝える機会を増やしましょう。

リアルな集まりでなくてもよいので、**顔を見られる機会を作ることが大事です。**

親子といえども、別人格です。親子ならではの、遠慮会釈ない会話は慎みたいですね。

「この子と話をしていると、いっつも怒られているみたいだわ」なんて、私みたいにいわれませんように。トホホホ。

第三者の目を通してみよう

私のところに相談にくる方は親御さんが物忘れが多くなってきちゃったという段階の方が多いです
それでも判断能力がしっかりしていれば契約も可能ですが
手遅れな場合もあります

自分の親のことになるとなぜかまだまだ大丈夫と正常化バイアスが働いてしまいがち
現実
見ない…
うちの親に限って……
だからこそ第三者の目で見てもらうことも大事なんです

親としょっちゅう顔を合わせるご近所さんは頼りになります
こんにちはー
あら!
毎日散歩もしててお元気そうね
腰が痛いっていってたけどもういいのかしら?
あと、この間家の前にシロアリなんとかって車が止まってたわよ
シロアリ!

母さんシロアリ駆除とかしてもらうことにしたの?
ん?これのことかい?
あぶない!
悪徳業者の情報ももらえたり
片足ずつ違う靴下をはいていたとか寒いのに薄着で平気だとか
小さな予兆に気づかせてもらえたりすることも

親のかかりつけ医にも挨拶に行ってつながっておいてください
○○医院
次回はできたらご家族も一緒にきてくださいね
ハイ
忘れてしまいがち

○○医院ですがこの日に来院できますか
ありがとうございます伺います
直接連絡をもらえるようにしておくと安心です

予防できることがあれば協力していきましょう
気をつけてあげて下さい
ハイ

ちょっとした変化や予兆をキャッチして早期介入することで認知症の発症を遅らせることができるかもしれません
ある日気がついたらもう
取り返しがつかなくなっていた
うわあああ

そんな状況に陥らないためにできることはしておきたい……
親も自分も一日でも長く健康な毎日を送れるように
まずはご近所さんとかかりつけ医に連絡をとってみましょう!

親と「これからのお金について」の話をする

親は、自分の今後にかかる介護や医療の費用について、子どもに迷惑をかけたくないと思っているのですが、素直に自分たちのお金について話すことはありません。

お金について、すべてを話してよいと思えるほど、子どもを信用していないからです。

自分たちのお金のことを開示したら、子どもたちは、そのお金を頼ったりしてしまうのではないか、という危惧を親たちは持っています。

親のお金の全容を知るよりも先に、「介護が始まったら、親のお金を使わせてください」という話をしていきましょう。

家族信託も含めて親の認知症による「資産凍結」の対策をしたいと考えていることなどを真摯に、真正面から伝えましょう。

大事なことなので、家族で話し合いたいから家族会議を開きたいと、切り出していきます。

家族会議では、親の体調も含めて親の話をよく聞くことです。

親の状況がわかってから、自分たちが危惧していることも伝えます。

できれば、事前にきょうだい間で、打ち合わせをして合意を得ておいたほうがよいでしょう。

家族会議を何度か開くうちに、「認知症対策」

が大切だということに対し関心を持ってもらえれば、親も資産の一部を任せてもよいと思うようになります（私の経験則ですが）。

緊急事態にも備える

「家族信託」なり「任意後見」なりの検討が始まっても、すぐに実行に移せるとは限りません。できるだけ早く、どちらかの契約はしたほうがよいですが、無理に急いでもうまくはいきません。

そうこうしているうちに、急に倒れられた場合には、子どもたちも困ってしまうので、先に親のキャッシュカードの暗証番号を知らせてもらうことをお願いしましょう。

「万一のことがあったりしたときには、介護は私たちに任せてほしいんだけど、そのときには、お父さんお母さんのお金を使わせてほしい。申し訳ないけれども、費用をサポートできるほどには余裕がなくて……。そこで、メインの銀行のキャッシュカードの暗証番号をこの（用意しておいた）カードに書いて、封筒に入れておいてほしいの。仏壇でもどこでも、わかりやすいところに置いておいてください。よろしくお願いします」と。

今、お金の全容を教えてほしいというわけではないので、このような提案であれば、かなり受け入れてもらえます。私の知る限り、成功率は9割です。

実は、このような提案がきっかけになって、後日、親から、資産の全容を教えてもらった、という話を何件もご相談者から聞いています。

まずは、チャレンジしてみてください。

成功を祈っています。

7つのことをやっておくことがもめない相続につながる

なぜ、親が元気なうちに、やっておくことが大事なのでしょうか？

子どもの側からの視点になりますが、142ページであげた7つのことをやっておけば、「介護が始まる時期を遅らせること」になり、介護が始まったときに「親の要望をできるだけ活かせる」ことになり、「介護のお金に困らないようにする」ことができるようになり、「穏やかな看取りができる」ようになるからです。

親はいつまでも元気でいる。そう思い込めば、親のことには無関心でいられます。

うかうかしていると、親が80代を過ぎてしまい「こんなはずじゃなかった介護」が始まり、「こんなはずじゃなかった相続」が起きてしまいます。

そうならないうちに、今から親に関心を持って7つのこと、始めていきましょう。

家族会議を何度か開くと、親の体調が直接わかります。介護は、「早期発見、早期対応」が大事です。家族会議で何度も会うようになれば、親の変化を見逃すことがないようにもなりますし、親自身が正直に体調のことを語ってくれるようにもなります。

子ども世代は、まだ仕事も現役で重責も担いつつ、子どもの受験なども抱えて自分たちのことでいっぱいいっぱいになっていることが多いでしょう。けれども、親はいつまでも元気でいるとは限りません。先送りは後悔します。

親に無関心でいたら……

ご相談者の晃子(あきこ)さん（仮名・57歳）は、自分の体験をこんなふうに語ってくれました。

「『お母さんに大腸ガンが見つかって、今度手術することになったから、ちょっと手伝いにきてくれないか』と、突然父から電話があって、びっくりして、取るものも取り敢えず、実家に帰りました。

今まで調子が悪いなんて聞いていなかったので、2人は元気なんだろうって、勝手に思い込んでいたんです。『もう、なんでこんな大事なことを早くに教えてくれなかったの』って、父に食ってかかったのを覚えています。今まで、自分が親のことに無関心だったのに、なんてひどいことをいってしまったんだろうと深く反省しました。

母は、末期のガンで、最期はホスピスで亡くなりました。母とは、介護の希望も終末期の医療についての話も何もできませんでした。悔やまれてなりません。だから、父親のことは、『本人の希望を聞いて、認知症対策も今から準備していこうね』と、妹と話し合っています」

介護が始まるのはできるだけ先延ばしにしたい。始まったら、お金で困るようなことは避けたい。看取った後の相続は、円満でありたい。このすべてをかなえるために、一歩踏み出していきましょう。

おわりに……まずは自分から！

最後まで読んでくださってありがとうございます
何か参考になることはありましたでしょうか
親が認知症になっちゃったら困るよねえ～
なるほど～
そうはいってもまだまだ大丈夫と思っていませんか

高齢化が進む今この本の問題は他人事ではありません

いやいやもしかしてうちも結構やばいんじゃない

老親も自分も…

家族信託とか任意後見とかいろいろ方法はあるけどまずは家族で話し合って対策をとることか……

頑固な親に勝手な弟

自分の家のことだけで大変なのに

そんなの絶対無理だよ～

ムリー！

ちょっと待って！諦めたらそこで試合終了ですよ！

ぺらっ

安田先生!?

うわっ

それぞれ事情が違いますから一度に解決したり対策できたりはしないんですよ

まずは、この問題に気づけたことが第一歩なんです

自分の場合はどうしたらよさそうかまずはネットや本で調べたり
ふむふむ
セミナーに参加してみたり
友人と情報交換をしたり
知識を身に付けてから冷静に話し合うのが成功のコツです
親とお金の話ができるまでに3年はかかると思っておいてくださいね
3年!
もちろん人生は何が起こるかわからないし思った通りにはなりません
人生の山
でもまずは自分から何が起きても対応できる準備をするのが大事です
他人は変えられませんから
あっち
こっち
そっち
後回しにしてしまうとどんどん道が険しくなってしまいます
ひぃぃぃ
自分も親もみんなで明るい老後を過ごしたいですよね
やります! 今からやります!
ワン
気がついたときがスタートです! 知識があれば慌てずにすみますし自分のために家族のためにまず一歩を踏み出しましょう!
おー!

あとがき

ここまで読み進めてくださって、ありがとうございます。嬉しいです。

介護の準備不足は、本当に本当に「争族」になりやすいのです。

もめない相続のカギは、「コミュニケーション」だと思います。

準備不足で、急に誰かが介護を担うことになってしまったご家庭では、十分な話し合いもなく、コミュニケーションも取れないままに介護、そして相続になり、「寄与した分」の評価でもめて、結果、きょうだい間で話し合いがつかなくなるという事態になります。

準備の時間を取って、親子間、きょうだい間で、十分なコミュニケーションが取れていれば、相続の際に、大きな問題は起こりません。

「家族信託でもめない相続が実現できる」といっている理由は、家族会議を何度も開いてもらうので、コミュニケーションの回数が増えていくからです。

私が家族信託の組成のコンサルティングをする場合には、必ず家族全員で集まっていただき（今は遠方でもオンラインで参加できますから、便利ですね）、家族会議を開いてもらいます。

そこでは、私が認知症と資産凍結の話、その事前対策としての家族信託の話をした後、ご両親の今の気持ちや介護への不安などを聞いていきます。ごきょうだいには、仕事や距離に関係なくできる介護についての話もしていきます。そのうえで、それぞれが何をやるか、何ができるかを考えてもらうようにしています。

家族信託は作って、誰かに託して終わりではありません。そこからがスタートなのです。遠方にいても忙しくても、きょうだいが「親を守るチーム」の一員として、小さなことでもかかわりを持つことが、ゆくゆくは、もめない相続につながるのです。

「遠方に住んでいるお兄さん家族には、ビデオ通話を使って、週に2〜3度、ご両親と画面越しに夕食時間を共有してもらって、おしゃべりをしてもらう」ことをしているご家族からは、「覇気がなく、物忘れが多かった母が、元気を取り戻してきた」という報告もありました。これも信託の組成を前提にした家族会議をする中で、意見交換をしてきた結果だと思っています。

介護を担う前にお読みになっている方、間に合いましたね。「家族信託」について、家族で検討したくなったことと思います（思いたいです）。ぜひ、家族会議をやろうとごきょうだいに呼びかけてください。みなさまの勇気ある一歩を応援しています。

実物以上に「カワイイ安田」を描いてくださった星わにこさんに心から感謝申し上げます。

安田まゆみ

【著者】
安田まゆみ（やすだ　まゆみ）
◆プロフィール
「元気が出る お金の相談所」所長。
女性を応援するマネーセラピスト。
編集者、外資系損害保険会社を経て、１９９６年独立系ＦＰ会社・有限会社マイプランニングオフィス設立。ＦＰ歴27年。著書『貯まる！かんたんどんぶり家計術』（徳間書店）、『月５万円ムリなく貯める　シンプルな生き方』（中経出版）、『人生１００年時代！しあわせ老後計画』（共著、ビジネス教育出版社）、『数字に弱い私ですが、老後のお金にビビらない方法をマンガで教えてください』（主婦の友社）、『そろそろ親とお金の話をしてください』（ポプラ社）ほか多数。
「一般社団法人エンディングメッセージ普及協会」理事長
https://ending-message.com/
「元気が出る お金の相談所」https://www.my-fp.net/

【マンガ】
星わにこ（ほし　わにこ）
◆プロフィール
コミックエッセイスト。著書『コミック　成熟世代の生きるヒント53歳シングルマザー　ライフプラン見直しました』（世界文化社）、『その着物、どうする？　好きだから知っておきたい保管・メンテ・処分の方法』（河出書房新社）ほか多数。
「猫と着物とわにこ」https://wani.upper.jp/

※このマンガはフィクションです。実在の人物や団体などとは関係ありません。また、本文中のデータは２０２４年２月現在のものです。

安田まゆみ
無料
オンライン相談
受付中!!

もめないための相続前対策
親が認知症になる前にやっておくと安心な手続き

二〇二四年五月二〇日　初版印刷
二〇二四年五月三〇日　初版発行

著者……安田まゆみ
マンガ……星わにこ
発行者……小野寺優
発行所……株式会社河出書房新社
〒一六二－八五四四　東京都新宿区東五軒町二－一三
電話　〇三－三四〇四－一二〇一（営業）〇三－三四〇四－八六一一（編集）
https://www.kawade.co.jp/

装丁・本文デザイン・ＤＴＰ……原沢もも
編集……菊池企画
企画プロデュース……菊池　真

印刷・製本……三松堂株式会社

Printed in Japan　ISBN978-4-309-29405-6